光明社科文库
GUANGMING DAILY PRESS:
A SOCIAL SCIENCE SERIES

·经济与管理书系·

高等学校知识产权和技术转移发展问题及对策研究

郭 凯 | 著

光明日报出版社

图书在版编目（CIP）数据

高等学校知识产权和技术转移发展问题及对策研究 /
郭凯著. -- 北京：光明日报出版社，2021.9
ISBN 978 - 7 - 5194 - 6215 - 4

Ⅰ.①高… Ⅱ.①郭… Ⅲ.①高等学校—知识产权—
研究②高等学校—技术转移—研究 Ⅳ.①G644

中国版本图书馆 CIP 数据核字（2021）第 159453 号

高等学校知识产权和技术转移发展问题及对策研究
GAODENGXUEXIAO ZHISHI CHANQUAN HE JISHU ZHUANYI FAZHAN
WENTI JI DUICE YANJIU

著　者：郭　凯

责任编辑：李　倩　　　　　　　　责任校对：姚　红

封面设计：中联华文　　　　　　　责任印制：曹　净

出版发行：光明日报出版社

地　　址：北京市西城区永安路 106 号，100050

电　　话：010 - 63169890（咨询），63131930（邮购）

传　　真：010 - 63131930

网　　址：http// book. gmw. cn

E - mail：gmcbs@ gmw. cn

法律顾问：北京德恒律师事务所龚柳方律师

印　　刷：三河市华东印刷有限公司

装　　订：三河市华东印刷有限公司

本书如有破损、缺页、装订错误，请与本社联系调换，电话：010 - 63131930

开　　本：170mm × 240mm

字　　数：200 千字　　　　　　　印　　张：15.5

版　　次：2021 年 9 月第 1 版　　　印　　次：2021 年 9 月第 1 次印刷

书　　号：ISBN 978 - 7 - 5194 - 6215 - 4

定　　价：95.00 元

前　言

　　知识产权是经济社会快速发展过程中人类文明的重要成果和智慧的结晶。技术转移是知识成果在现代文明社会中有序传播和流动的重要路径。高等学校是知识产权和技术成果创新与创造的高地，如何促进高等学校知识产权有序运营与管理、技术转移有效地开展与推进，对各国的现代经济社会发展，具有重要的战略意义。

　　本书首先对国内外的知识产权发展历程进行回溯和分析，通过分析和总结各国知识产权发展进程中的相关历史事件和法规制度，让读者对知识产权发展过程有一个全面清晰的认识和了解，也为后文分析知识产权现状奠定了基础。从知识产权分类、知识产权国际合作、中国知识产权发展特点和发展指数等视角，对国内外的知识产权发展现状进行分析，发现全球知识产权发展水平不断提高，中国对世界知识产权的发展做出了重要贡献。高等学校知识产权发展是国家知识产权发展战略的重要组成部分，通过对高等学校知识产权发展政策环境和发展实践案例进行分析，发现中国高等学校知识产权的政策支持和保障力度较强，鼓励和支持高等学校知识产权的实践探索不断推进，高等学校知识产权发展进步显著。

　　本书第 2 章进一步通过对高等学校知识产权发展过程中的转化和保护两个重要部分进行描述分析，为高等学校知识产权转化和保护提供理论指导和实践建议。首先，对知识产权的概念、特征、类型进行诠释，为高等学校知识产权内容解释界定奠定理论基础。接着，对高等学校知识产权转化的内涵、特征、模式和问题进行全面的诠释和分析，提出高等学校知识产权转化模式主要包括高等学校知识产权职能部门模式、高等学校知识产权信息服务中心模式、高等学校衍生企业模式及政府、企业和高等学校合作模式等。进一步分析高等学校知识产权转化存在的理念、市场需求分析、制度和人才等问题，因此建议采取高等学校知识产权理念建设、强化市场导向、完善制度体系、培养和引进专业人才等提高高等学校知识产权转化效率。最后，进一步从高等学校知识产权保护的概念、任务和特点对其内涵进行诠释，从高等学校知识产权保护的作用和必要程度来强调其重要性。通过分析发现：高等学校知识产权存在保护意识淡薄、产权流失严重、保护体系不完善、人才匮乏等问题，提出要增强知识产权保护意识和素质、设立专业机构、完善保护体系、引进和培养复合型人才等策略，为高等学校知识保护提供建议参考，以期进一步促进高等学校知识产权健康全面发展。

本书在第3章讨论和分析了作为知识产权管理的重要环节——高等学校的知识产权运营管理。合理、有效的知识产权运营不仅能将科技成果最大化转换为生产力，还能提高高等学校的核心竞争力。本章首先对高等学校知识产权运营管理现状及面临的问题进行分析，并提出促进高等学校知识产权运营管理能力提升的对策建议。其次，总结国内外高等学校知识产权管理经验并得出启示，对高等学校知识产权规范化管理实践进行研究。再次，对高等学校知识产权风险管理、运营管理，高等学校知识产权创新策略、运营能力提升和运营模式等进行详细分析。最后，对比分析国内外高等学校知识产权运营情况，以期进一步优化国内高等学校知识产权运营管理。

同时，在本书的第4章，聚焦国际高等学校技术转移实践，对其技术转移模式、技术转移体制机制和技术转移驱动机制进行深入梳理和分析，通过对美国高等学校技术转移实践进行研究，对比分析中美高等学校技术转移效率不同的原因，从而得出经验与启示，为建立符合我国国情的高等学校技术转移模式提供经验。

随后，本书在第 5 章，通过对高等学校技术转移建设的意义和现状进行分析，提出高等学校技术转移是国家创新体系建设中的重要组成部分，对社会发展和技术进步具有重要战略意义。在分析我国高等学校技术转移现状的基础上，对高等学校技术转移运行机制和基本模式进行分析，提出高等学校技术转移运行机制主要包括驱动机制、消化吸收再利用机制、成果鉴定机制、信息传递机制等，高等学校技术转移的模式主要包括传统技术转移模式、技术转移孵化器模式、中介服务机构模式、高等学校衍生企业模式、合作联盟模式等。在此基础上，指出我国高等学校技术转移建设主要存在理念更新不快、高等学校技术转移工作管理职能错位、政策协同性不强、专业化程度不高等问题。同时，本章通过国外高等学校技术转移机构案例分析，提出高等学校技术转移建设的启示和经验，为我国高等学校技术转移建设提供参考和借鉴。

本书在第 6 章，对于我国高等学校技术转移过程中的知识产权保护机制，从高等学校技术转移影响因素、转移效率、转移绩效三个方面展开研究。首先，总结得出影响技术转移活动的主体、客体和环境三个层面的 14 个影响因素；其次，从评价指标选取原则、评价方法效率分析等方面研究了高等学校技术成果转移的效率；最后，发现高等学校科技创新成果转化中存在的现实问题，以及高等学校科技创新成果转化绩效的制约因素，在此基础上提出促进高等学校科技创新成果转化绩效提升的建议，为高等学校科技创新成果转化提供有效路径。

本书从不同角度介绍当前高等学校知识产权机制的研究，从协同创新视角介绍高等学校知识产权有效协作机制，从高等学校知识产权角度介绍激励机制。然后介绍高等学校技术转移过程中的知识产权机制，包括知识产权与技术转移的关系、高等学校技术转移与知识产权保护的高效运行机制，以及高等学校知识产权保护与技术转移的良性循环机制。

最后，本书第7章从高等学校技术转移过程中的知识产权问题和对策两方面进行介绍，分别从技术、机构、信息和保护四个视角阐述高等学校技术转移过程中存在的问题及应该实施的对策。技术视角下，高等学校技术转移过程中存在知识产权激励机制和专利审查制度方面的问题，可以通过借鉴知识产权的激励功能完善奖酬机制、增强专利审查人才队伍的建设来增强专利的激励作用和审查效果；机构视角下，高等学校技术转移过程存在高等学校技术转移中介缺位、高等学校技术转移与知识产权保护机制分离、科技成果质量评估制度未能发挥其衡量作用等问题，需要明确高等学校在技术转移中的功能、建立技术转移和知识产权保护一体化运作机构、加强专利知识产权质量评估制度建设；信息视角下，高等学校技术转移过程中存在技术转移主体脱节、知识产权服务机构不健全等问题，应该赋予知识产权中介服务机构法人资格，提高知识产权中介服务人员的素质；保护视角下，高等学校技术转移过程中存在专利侵权赔偿数额较低、缺乏独立的知识产权法院等问题，必须完善专利侵权赔偿制度，建立独立的知识产权法院。

本专著是河南省知识产权软科学研究计划项目：河南省高等学校知识产权运营现状与对策研究（20200106037），河南省重点研发与推广专项（软科学）研究项目：河南省技术转移现状评价及对策研究（202400410211），河南省科技厅软科学重点研究项目：新时期河南省技术创新中心建设与管理对策（212400410019）的阶段性研究成果。

同时，本专著获得国家自然科学基金（U1904186），科技部创新方法专项（2017IM060100），河南省教育科学"十四五"规划2021年度一般课题（2021YB0090），河南省软科学研究计划项目

（172400410013），河南科技大学知识产权学院，有色金属共性技术河南省协同创新中心，河南科技大学学术著作出版基金的共同资助出版。

全书由河南科技大学郭凯博士负责全书的统稿、撰写和校对，河南科技大学张项民教授与段海艳教授，河南省知识产权局王海英老师与李苏老师，也在本专著的写作过程中，提出许多宝贵意见和建议，对本书做出重要贡献。张田田、胡珊珊、梁言、李姣姣、李萍等硕士研究生也共同参与了本书的资料查询、文字编辑整理等工作。

在写作过程中，引用和参考了相关研究学者的观点和论述，在此向相关学者表示诚挚的感谢！

郭　凯

2020 年 5 月于九朝古都洛阳

目　录
CONTENTS

第1章

高等学校知识产权发展概况

知识是人类社会文明发展的结晶。知识管理中的知识产权保护与运营管理，是有效促进人类经济社会发展和科技进步的重要环节。高等学校是知识产权与科技成果产生的重要源泉之一。如何有效地提升我国高等学校的知识产权与科技成果的产生、管理、转化与运营的水平，对于知识产权管理工作具有重要的战略意义和实践的价值，也是本专著探索和研究的主要目的。

21世纪是知识经济迅猛发展和快速前进的时代。在这个技术创新、知识创新高速发展的时代进程中，知识产权保护在世界经济、科技和贸易中的地位也得到了历史性的提升。1994年的世界贸易组织协定中，《与贸易有关的知识产权保护协议》作为乌拉圭回合谈判的重要阶段性成果，加速了全球知识产权保护的国际化进程。在经济、技术全球化快速发展的今天，国际技术转移与技术扩散作为各国技术进步的重要外部路径，对于技术创新能力薄弱的发展中国家和地区显得尤为迫切和重要。

国际技术转移与技术扩散是跨国公司最基本的经济行为。由于跨国公司最大的优势在于拥有先进的技术资源，因此，几乎所有的跨国公司在全球的投资布局都与某种形式的技术转移联系在一起。跨国公司的海外扩张行为，无不包含着技术转移与技术扩散。然而跨国公司在技术转移与技术扩散过程中，存在着外部性—溢出效应（spillovers），又称为技术溢出效应。跨国公司是世界先进技术的主要发明者，是全球先进技术的主要供应来源，跨国公司通过对外直接投资内部化实现其技术转移与技术扩散。这种技术转让行为对东道国会带来外部经济，即技术溢出。一项技术溢出是一个正的外在性的特定情况，它既不是在经济活动本身内部获得的利益，也不是由该项活动的产品的使用者获得利益。换句话说，这种利益对于经济活动本身是外在的，对社会产生了外部经济。

事实上，包括知识产权保护制度在内的众多东道国政策取向，与技术转移与技术扩散过程中的溢出效应息息相关。所以，研究知识产权保护和模仿对跨国公司技术转移与技术扩散的影响，分析跨国公司最优技术转移方式，进而考察知识产权保护、技术转移与技术扩散对东道国福利的影响，是一个全球日益广泛关注的问题。

20 世纪 80 年代以来，以信息技术、通信技术、生物医药、新能源、新材料为代表的高新技术产业，成为推动全球制造业快速增长的主要动力，高新技术产业在各个国家国民经济中的比重日益增加，产业研发的大规模投入在工业现代化国家中蔚然成风。从经费的投入水平来看，工业现代化国家成为技术的领跑者；从执行部门来看，现代化企业，特别是跨国公司已成为研发投入活动的主体。与此同时，发展中国家对科学技术的投入日益重视，开始纷纷制定了种种扶持的政策与措施，激励企业技术创新。并且，为跨国公司进入本国提供多种优惠政策，以期获得跨国公司先进的科学技术。发展中国家企业的研发能力和技术引进能力也在不断提高，模仿创新、后发创新的例子举不胜举。

由于知识产权是规范企业进行技术竞争和影响企业利润分配的重要制度工具，因此，技术与经济的紧密结合以及产业研发投入的兴盛，必然使得知识产权在经济中的重要性显得更为突出。

在 2015 年 8 月 30 日，全国人大常务委员会颁布实施了重新修订的《中华人民共和国促进科技成果转化法》，该法案明确提出了强化和提高科技成果转化活动水平，可以更加有效地促进创新驱动发展战略实施，促进科技与经济的结合，有利于提高经济效益。科技成果与知识产权转化，可以看作技术创新最为重要的环节，是新技术、新发明市场价值的最终实现，是科技进步支持经济发展的关键所在。

在产业升级和技术创新过程中，高等学校的知识产权与科技成果转化能力起主要作用，因为高等学校本身所具有的知识资源优势，有助于培养未来创新所需要的各种人才，高等学校身份的多元性，使其既可以具有传统学术组织机构的使命和责任感，也可以在某种程度上具备产业部门中所体现出的知识汇聚和知识转移的能力与水平。

2016 年 4 月 21 日，国务院办公厅颁布了《促进科技成果转移转化行动方案》，进一步提出了支持我国高等学校和科研院所开展科技成果转移转化的举措。组织高等学校和科研院所梳理科技成果资源，推动知识产权和科技成果与产业、企业需求有效对接，通过研发合作、技术转让、技术许可、作价投资等多种形式，实现科技成果市场价值。强调引导有条件的高等学校和科研院所建立、健全专业化科技成果转移转化组织机构，明确统筹科技成果转移转化与知识产权管理的职责，加强市场化运营管理能力。

在部分高等学校和科研院所，试点探索知识产权与科技成果转移转化的有效机制与模式，建立职务知识产权与科技成果披露与管理制度，实行技术经理人市场化聘用制，建设一批运营机制灵活、专业人才集聚、具有国际影响力的国家技术转移组织机构。

以《国家知识产权战略纲要》等一系列促进高等院校知识产权市场化的规范性文件为指导，许多高等学校建立了知识产权研究和管理机构，以此来整合和管理各自的知识产权资源。

可是，推动高等学校研究成果转化本身就是一个冗杂复杂的系统工程，涉及政府部门、高等学校的技术转化办公室、知识产权的风险投资方以及高等学校内部科研人员个人等不同主体，知识产权的运营管理确实存在一定难度和风险。

在高等学校研究成果转化的实践工作中，北京大学率先设立了国际知识产权研究中心，随后江苏大学创建了知识产权研究基地，人民大学组织建成了知识产权学院，北京工业大学成立了知识产权运营联合研发中心，等等。国内这些高等学校内部设立的知识产权成果转化组织机构和队伍建设已经初见成效。随着经济社会的快速发展，在 2015 年，我国 37 所"985 工程"大学的专利申请数量已经达到 20 万件以上，但专利权转移数量、专利申请权转移数量和专利实施许可数量分别只有 3 443 件、1 475 件、2 924 件。

从以上数据我们不难发现，我国重点高等学校的专利产出数量较高，但是转化率极低，整体专利质量一般。这些现象直接反映了我国高等学校知识产权与技术成果的运营管理还处于比较初级的阶段。这与我国《国家知识产权战略纲要》提出的战略目标和要求差距甚远。如何充分利用我国高等学校内部的科研平台，挖掘高等学校科研应用潜力，完善我国高等学校知识产权运营管理的路径，是我们面临的重大问题和挑战。

1.1 知识产权发展历程

1.1.1 全球知识产权发展历程

在 17 世纪的中期，法国一位著名的学者卡普佐夫（Carpzov），首次提出了"知识产权"（Intellectual Property）这一名词，并赋予了其深刻的含义。国内也有学者翻译成"精神财产权""智慧所有权"等。随后，比利时的一位著名法学家皮卡第（Picardy），对知识产权的概念和内涵进行了进一步丰富和诠释，他将知识产权定义为人类全部知识活动带来的权利，使得知识产权相关内涵和制度不断丰富和完善。

在 1893 年，由《巴黎公约》和《伯尔尼公约》成员国组成的两个国际组织机构进行了机构重组，成立了最早的世界知识产权的保护组织机构——保护知识产权联合国际局（United International Bureau for the Protection of Intellectual Property，BIRPI）。保护知识产权联合国际局针对全球范围内，公约签署成员国家的各种形式知识产权的权利，进行全面的保护和维护。随着时代的变迁和社会的快速发展，知识产权保护的重要性不断增强，使得这一国际性机构组织机构也在不断完善和变化，以适应时代对知识产权保护的要求与挑战。

在 1967 年，保护知识产权联合国际局的 51 个成员国经过协商和探讨，一致通过了世界知识产权组织机构建立的决议。世界知识产权组织机构的成立，对于加强不同国家和地区之间知识产权问题解决和知识产权权益保护具有重要历史意义，也有利于推动和促进不同国家和地区之间各种类型的知识产权组织机构进行沟通、交流和合作，以及共同保护知识产权的权益等工作。

在 1970 年，《建立世界知识产权组织公约》这一条约正式实行。在通过不断的组织机构和行政管理改革之后，形成了目前的组织机构：世界知识产权组织（World Intellectual Property Organization，WIPO）。世界知识产权组织的主要任务是：通过利用知识产权（专利、版权、商标、外观设计等）等手段，进一步促进和保护知识的创新和创造，并负责不同国家和地区之间的知识产权开发、利用、保护和合作，处理相关知识产权法律和行政事务等工作，保障各个国家和地区的知识产权与相关权益。

世界知识产权组织成立之初，设定的战略目标是：形成兼顾不同国家和地区基本知识产权利益的国际合作框架和交流关系，提供全球知识产权服务和知识产权的信息资料，促进知识产权保护快速、健康、持续地发展，完善全球知识产权保护的基础设施建设，处理知识产权国际问题和纠纷，全力支持全球知识产权健康、快速的发展和建设工作的开展。

在 1974 年，世界知识产权组织正式成为联合国下辖的组织机构，对全球知识产权相关的事务进行管理指导工作。1996 年，世界知识产权组织（WIPO）与世界贸易组织（World Trade Organization，WTO）达成了重要的合作协议，合作协议提出：在国际交流和国际贸易过程中，世界各国要进一步强化知识产权保护的意识，发挥知识产权保护的作用，为国际流通贸易和科学技术的发展提供重要的保障。

1.1.2 中国知识产权发展历程

1950 年，中华人民共和国的建设刚刚起步，各方面基础设施、法律法规、政策制度管理等还都处于百废待兴的情况，国内的各个地区发展任务非常繁重，国际环境也比较恶劣。但是，为了更好地促进社会发展和科技进步，我国政府仍然颁布出台了《保障发明权与专利权暂行条例》和《商标注册暂行条例》等相关的知识产权保护文件和法律法规，明确地提出了加强发明专利和商标权利的保护。这是中国在知识产权保护方面做出的早期探索和实践，为后续我国的知识产权保护的法律法规与政策文件制定和完善，提供了坚实的基础。

1980 年，中国的国家专利局正式宣布成立。1982 年，第五届全国人民代表大会讨论并通过了法律文件——《中华人民共和国商标法》，这一法律文件的正式颁布和实施，标志着我国正式开启了知识产权保护的立法工作先河，也表明我国知识产权保护法治建设工作的正式开展，因此，《中华人民共和国商标法》的制定，在我国知识产权保护的发展历程中，具有里程碑意义。

1984 年，我国实行了全面改革开放的国家政策安排，为了引进国外先进的科学技术和知识成果、加快我国的自身经济社会的快速发展，邓小平同志对知识产权保护的工作及时地提出了"专利法以早通过为好"的战略部署，进一步为我国的知识产权保护的相关法律法规与政策制度的制定和完善指明了方向，奠定了保护与发展专利等知识产权的重要基础。此后，第六届全国人民代表大会会议正式审议通过了《中华人民共和国专利法》。随后，该法规的全面实施和开展，进一步促进了我国国家知识产权保护体系的建设和完善。

有了知识产权保护的相关法律法规与政策的支持和保障，作为知识产权发展根基的制度体系建设也在持续地完善与发展。1978 年改革开放以来，我国陆续加入了各种国际知识产权保护的公约组织，在发展自身经济实力和科技水平的同时，也快速实现与国际知识产权保护组织机构的接轨，加强与国际相关组织机构的交流和合作，为我国知识产权保护与运营管理工作进一步健康、快速地发展，寻求契机和积累相关的经验。

1992 年，为了进一步加强全球知识产权保护与运营管理的交流与合作，我国相继与不同国家和地区，联合签署了关于知识产权保护的谅解备忘录。寻求与各个国家和地区在专利、商标和版权等多个领域的全面深化合作与交流。为了契合国际知识产权保护与运营管理发展的机遇，我国也对知识产权保护相关的法律、法规等内容进行了全面的修订、补充和完善，进一步丰富和完善了我国国家层面的知识产权保护体系建设的内涵。

2000 年，为了满足世界贸易组织（WTO）的《与贸易有关的知识产权协定》相关内容的要求，我国政府在充分结合中国国情的基础上，对知识产权保护的相关法律、法规等文件进行了全面的修订和完善，进一步与全球知识产权保护接轨，实现知识产权国际化的快速发展。

当前，中国正积极参与世界知识产权维护与运营发展的建设，全面和密切地与不同国家、地区、组织机构之间开展全方位的交流与合作活动。国家知识产权法律、法规的不断建设与完善，也为各个国家和地区的知识产权保护提供了相应的基本的法律保障。

在完善知识产权保护法律、法规建设的同时，中国的知识产权政策制度体系和组织机构的建设，也在寻求不断的发展与提升。1998 年 3 月，中国国家知识产权局正式挂牌成立，这是中国知识产权保护事业发展迈向新阶段的重要里程碑，对国家层面的知识产权保护与运营管理和建设具有重要的战略意义。

根据前面章节分析与论述，总结和归纳中国知识产权保护工作的发展历程中重要的里程碑和标志性的法律、法规以及相关的政策制度文件，如表 1-1 所示。

表 1-1　中国知识产权发展历程中的里程碑政策文件

时间	政策文件	核心要点
1950 年	《保障发明权与专利权暂行条例》和《商标注册暂行条例》	知识产权初步探索和实践
1982 年	《商标法》	开创知识产权立法的先河
1984 年	《专利法》	保护发明创造专利权
2008 年	《知识产权战略纲要》	知识产权上升到国家战略层面
2014 年	《深入实施国家知识产权战略行动计划（2014—2020 年)》	知识产权战略实施的指导性文件

时间	政策文件	核心要点
2015 年	《国务院关于新形势下加快知识产权强国建设的若干意见》	知识产权强国建设重点任务分工
2017 年	《中国知识产权司法保护纲要（2016—2020）》	知识产权司法保护的重要改革
2019 年	《关于强化知识产权保护的意见》	明确知识产权保护的发展方向

数据来源：根据国家相关政策文件整理。

2008 年 6 月，我国的《国家知识产权战略纲要》颁布与实施，标志着我国正式将知识产权保护工作上升为国家战略。《国家知识产权战略纲要》对中国知识产权保护工作的发展方向和工作重心进行了详细的诠释和部署，对增强国家知识产权的创新创造、运用、保护和运营管理等基础的能力建设具有重要战略意义。

同时，《国家知识产权战略纲要》的颁布与实施，对高等学校知识产权保护工作的社会环境、思想意识、政策制度、保护管理、文化建设等方面内容，均提出了完整的指导性意见和建议，以期实现知识产权保护工作全面协调的快速发展。随后，国家相关管理部门都陆续地成立了配套的战略纲要实施联席会议制度和领导小组，全面协调各级政府和有关组织机构关于战略纲要的执行和实施，持续构建、营造和优化知识产权保护的宏观发展环境。

2014 年，《深入实施国家知识产权战略行动计划（2014—2020年)》在国务院常务会议上正式通过，该文件是深入贯彻落实《国家知识产权战略纲要》的重要文件。国家知识产权战略行动计划主要以建设知识产权强国为核心的目标，从知识产权运用和保护层面，全面开展知识产权保护工作的安排与部署，通过整体地协调国家资源，全面解决问题，克服工作开展过程中的种种困难，全面增强和提升知识产权保护的综合管理能力，为我国的高质量经济发展保驾护航。

随后，在 2015 年 12 月，《国务院关于新形势下加快知识产权强国建设的若干意见》颁布和出台。在 2016 年 7 月，国务院又发布了关于知识产权保护与发展重点任务以及分工方案。提出了以管理体制改革为重点工作内容，完善相关知识产权的保护措施，加强知识产权的创造、保护与运用，合理布局海外的知识产权运营管理组织机构，增强与各国和地区、组织机构的合作交流能力，将知识产权保护与发展工作上升到国际战略的层面。

2017 年 4 月，我国的最高人民法院也制定并颁布了《中国知识产权司法保护纲要（2016—2020）》。这一法规的颁布和实施，对适应我国经济与时代发展，满足我国经济、社会与技术发展形势的需要，具有重要战略意义。该法规是我国知识产权司法保护的重要里程碑性的法规，进一步丰富和完善了我国的知识产权司法保护的体系。

在创新驱动发展战略实施"创新、协调、绿色、开放、共享"的经济与社会发展新理念，以及全球新一轮科技革命和产业变革的国内和国际环境影响下，知识产权保护工作越来越成为国际竞争力提升的核心因素，因而制定《中国知识产权司法保护纲要（2016—2020）》，为国家战略层面提供有效、全面的司法保护起到了至关重要的作用。

2019 年 7 月，中共中央全面深化改革委员会第九次会议通过了《关于强化知识产权保护的意见》。意见提出了：加强知识产权保护，是完善产权保护制度最重要的内容，也是提高我国经济竞争力的最大激励办法。意见进一步提出了：知识产权保护的四个重要发展方向，一是"严保护"，二是"大保护"，三是"快保护"，四是"同保护"。意见进一步指出：要从政策制度、社会格局、环节衔接、国际沟通等方面优化知识产权保护环境。

　　同时,《关于强化知识产权保护的意见》还明确指出了我国知识产权保护的发展目标:到2020年,知识产权侵权行为问题得到有效的遏制,维权的渠道全面贯通,到2025年,实现全社会满意度较高、知识产权保护更加全面、知识产权保护环境得到优化改善、各项保障措施全面发挥的局面。

1.2　知识产权发展现状

1.2.1　全球知识产权发展现状

　　随着全球知识经济时代的到来,知识产权的作用日益显著,知识产权的保护,已经被世界各国和地区作为国家战略发展政策的核心内容之一,上升到国家战略的层面,知识产权的保护也被给予更多的关注。2019年10月,世界知识产权组织(WIPO)公布了《世界知识产权指标2019年度报告》,报告着重分析和总结了世界各国和地区的专利、商标、工业品的外观设计、植物品种、地理标识、出版行业等基本情况。

　　《世界知识产权指标2019年度报告》指出,在全球的专利申请与保护方面,2018年,世界五大知识产权管理机构的专利申请数量,合计占总申请数量的85.3%,如图1-1所示。其中,在2018年,中国的专利申请数量,达到154万件,所占比例从2008年的15%增长到46.33%。其他的知识产权管理机构专利申请数量,分别为597 141、313 567、209 992、174 397件。2018年,全球申请专利数量合计为330万件,比2017年增加5.2%。

　　全球专利申请数量与2017年相比,增长幅度位居前四位的国家和地区分别是中国、欧洲、韩国和印度，专利申请数量分别增加了 160 400 件、7 812 件、5 127 件和 3 473 件，是全球专利申请数量增长的主要推动力量。

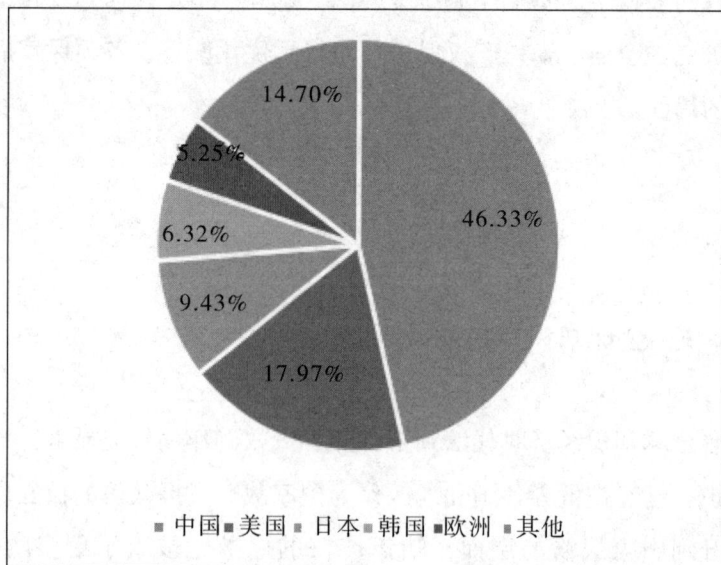

14.70%
5.25%
6.32%
9.43%
17.97%
46.33%

■中国 ■美国 ■日本 ■韩国 ■欧洲 ■其他

图1-1 世界五大知识产权局和其他地区专利申请数量饼状图

《世界知识产权指标 2019 年度报告》指出，2018 年，亚洲全部专利申请数量达到 220 万件以上，占比高达 66.8%；北美专利申请数量占比，小于全球平均数量的 0.2%；欧盟约占 0.1%；非洲、拉丁美洲和加勒比区域、大洋洲占比 3.3%。

同时，根据全球专利申请数量的统计，申请专利数量位列前 20 的国家和地区中，高收入、中等收入和低收入水平的国家和地区分别占 60%、30%、10%。2018 年，也是第一次出现半数以上的国家，都位于中等偏上收入的水平，而仅高收入国家专利申请数量占比就达到 46.8%。

《世界知识产权指标 2019 年度报告》指出，在商标申请与批准方面，2018 年，世界商标申请总数量 1 090 万件，比 2017 年申请总数量增加 170 万，涨幅为 19.2%。商标申请与批准数量连续 9 年实现快速增长的态势。中国、美国、日本、欧盟、伊朗等国家和地区的商标申请与批准数量的涵盖种类排名前列，分别为 740 万类、640 181 类、512 156 类、392 925 类、384 338 类。在前 20 个国家和地区中，2017 年到 2018 年增长幅度最快的为印度尼西亚、中国、印度、韩国和英国，涨幅分别为 29.1%、28.3%、20.9%、14.5% 和 12.4%。亚洲各国的知识产权管理局商标申请活动占全球商标申请与批准总数量的 70%，欧洲申请与批准总数量占比 15.8%，北美申请与批准总数量占比 5.8%。2018 年世界各国与地区的有效商标注册数量约 4 930 万件，同比增长 13.8%。其中，中国、美国和印度的有效商标注册数量占比，分别约为 39.8%、4.9% 和 3.9%。

《世界知识产权指标 2019 年度报告》指出，在工业品外观设计的申请与批准数量方面，2018 年，全球外观设计申请数量合计约为 100 万件，同比增长了 5.7%。中国工业品外观设计申请受理数量排名第一，共计达到 708 799 项，占比为 54%。欧盟、韩国、美国和德国外观设计申请受理数量合计分别为 108 174、68 054、47 137 和 44 460 项。在申请与批准数量的增长幅度方面，排名前 20 位中的英国、俄罗斯、意大利、印度和中国的增长幅度均达到了两位数，分别为 42.4%、21%、16.6%、13.6% 和 12.7%。

2018 年，亚洲、欧洲和北美洲等地区的工业品外观设计申请与批准数量占全球的比例分别为 69.7%、23% 和 4.1%。全球范围内的有效注册外观设计申请与批准总数量为 400 万件，同比增长 6.5%。中国、韩国、美国和日本分别占比 40%、8.6%、8.4% 和 6.4%。

《世界知识产权指标 2019 年度报告》指出，在地理标志产品申请与批准的数量方面，2018 年，地理标志产品申请的总数量合计达到 65 900 个。其中，德国、中国、匈牙利和捷克共和国排名靠前，占比分别为 23.6%、11%、10.1% 和 9.5%。

《世界知识产权指标 2019 年度报告》指出，在出版业数量方面，2018 年，全球 14 个国家出版业收入合计为 425 亿美元。其中美国、德国、英国和法国出版数量分别占比 52.5%、14.4%、12.7% 和 7.1%。2018 年美国出版业收入合计为 26 亿美元，排名全球第一位。

《世界知识产权指标 2019 年度报告》指出，在其他知识产权申请与批准数量方面，2018 年中国受理申请的植物品种数量合计为 5 760 件，与 2017 年相比增长了 29%，占比超过全球总数量的 1/4。2018 年排名前五的国家中，乌克兰申请的植物品种数量的涨幅最高，高达 17.1%。欧盟和美国受理申请的植物品种数量增长幅度分别为 3.9% 和 3.3%，日本申请的植物品种数量出现了 13.6% 的下跌幅度。

2019 年，世界知识产权组织公布的《世界知识产权报告》显示，根据成百上千万份的专利和科学出版等记录的分析结果，全球创新活动的合作与交流日益密切，国际化的合作水平日益提高，中国、德国、日本、英国、韩国和美国等国家和地区的 30 多个大型城市，占据了专利申请与批准数总量的 69%，以及科学活动数量的 48%，这些国家和地区的合作和创新是世界知识产权发展的主力军。

21 世纪初，根据全球学术论文和专利数量的统计，有 64% 的学术论文成果，是以科学家团队的形式完成，有 54% 的专利申请和授权是由发明人团队完成的。2010 年后，学术论文和专利申请和授权数量，由科研团队完成的比例分别增加到了 88% 和 68%。由不同国家和地区的两名或两名以上科学研究人员，共同开展的科学研究合作活动的比例，从 1998 年的 15% 增至 2017 年的 26%。

全球汽车领域、农业生物技术领域的专利申请和授权数量迅速增长，私营企业和公共组织机构共同申请专利数量已超过私营企业之间合作专利数量，公私合营成为知识产权合作的重要类型。

2019年7月，根据全球创新指数（GII）发布的数据，创新指数排名前20位国家和地区，如表1-2所示。

表1-2 2019年全球创新指数排名统计表（前20名国家和地区）

排名	国家	创新指数得分
1	瑞士	67.24
2	瑞典	63.65
3	美国	61.73
4	荷兰	61.44
5	英国	61.30
6	芬兰	59.83
7	丹麦	58.44
8	新加坡	58.37
9	德国	58.19
10	以色列	57.43
11	韩国	56.55
12	爱尔兰	56.10
13	中国香港	55.54
14	中国	54.82
15	日本	54.68
16	法国	54.25
17	加拿大	53.88
18	卢森堡	53.47
19	挪威	51.87
20	冰岛	51.53

数据来源：世界产权组织发布数据整理。

2019 年创新指数得分情况显示,瑞士的创新能力最高。中国排名同上年比较,前进了 3 位,连续 4 年实现突破。从高等学校发展质量和水平、国际化专利数量、出版物的质量水平来看,美国、德国和日本分别排在前 3 位。在中等收入水平的国家中,中国、印度和俄罗斯分别排在前 3 位。以中国为例,从创新质量指标方面来观察,中国排名第 14 位。但是,从高等学校发展质量方面的指标观察,中国排名第 3 位,说明中国的创新发展水平取得了长足的进步。

1.2.2 中国知识产权发展现状

随着经济全球一体化的深入发展,知识产权逐渐成为国家综合实力的重要体现,知识产权保护与运营管理公司的业务数量和水平也发展迅速。自 1950 年以来,我国相继出台了相关知识产权保护的法律、法规和政策文件,鼓励我国知识产权工作持续发展,取得了显著的成果。

从专利申请与批准的数据方面来看,2018 年,国内专利申请数量达到 154.2 万件,与 2017 年相比,增长了 11.6%;专利授权数量达到 43.2 万件,同比增长 2.9%。国内实用新型专利数量达到 207.2 万件,专利授权数量合计为 147.9 万件,同比增长了 52.0%。国内外观设计专利申请数量达到 70.9 万件,专利授权数量合计为 53.6 万件,同比增长了 21.1%。2018 年,国内受理国际专利授权数量达到 5.5 万件,与 2017 年相比增长 9.0%。其中,5.2 万件来自国内,同比增长 9.3%。

在商标申请与批准的数据方面,2018 年,国内的商标注册申请数量合计达到 737.1 万件,与去年相比增长 28.2%;商标注册数量合计达到 500.7 万件,同比增长 79.3%。2018 年,受理马德里商标国际注册数量合计为 6 903 件,与 2017 年相比增长 3.9%。2018 年,商标评审委员会受理案件达到 32.2 万件，与 2017 年相比增长 53.0%；结案合计 26.5 万件，同比增长 52.6%。

在地理标志、集成电路布图设计申请与批准数据方面，2018 年，国内批准收到的保护地理标志产品达到 67 个，受理新注册的地理标志商标有 961 件，批准使用地理标志商标的企业合计 223 家。2018 年，集成电路布图设计申请与批准合计达到 4 431 件，与 2017 年相比增加 37.3%；发证 3 815 件，同比增长了 42.9%。

从以上的各类知识产权相关数据分析结果来看，我国知识产权保护和发展呈现出以下特征。

第一，中国知识产权保护、运营管理水平和信任度的国际地位不断提升。2018 年，国外在中国申请的专利数量合计达到 14.8 万件，比 2017 年增长了 9.1%。增长速度的不断加快，表明国际社会对中国知识产权保护的信任和满意度不断提高。同时，国外在中国商标申请数量合计达到 24.4 万件，也比 2017 年增长了 16.5%，显示出我国的知识产权保护的国际化水平不断提升。

第二，中国企业技术创新的主体地位不断增强。2018 年，国内申请专利企业数量增加了 6 万家，对国家专利增长的贡献率高达 73.2%，五年以上专利申请企业数量占比高达 74%。这充分表明，国内企业已经逐步成为专利发明的主力军，对专利发明的贡献相对较大。

第三，海外专利布局水平不断提高。据 WIPO 统计数据显示，2017 年，中国 PCT 国际专利申请数量合计 4.8 万多件，增速达到 21.3%。中国国际专利申请数量已经超过了日本，位列世界第二的水平。马德里商标注册申请数量同比增长 3.9%，在马德里联盟的国内申请人数上，排名达到全球第 3 位。这充分表明，国内企业在国际专利申请方面的水平不断提高，我国知识产权国际化水平也在不断增强。

第四，我国发明专利质量发展较好。2018 年，国内专利授权平均权利要求项数为8.3项,同比增加了0.3项。截至2018年年底,国内有效发明专利平均维持年限为6.4年,同比增加了0.2年,表明国内专利发展质量整体向持续持有和高质量发展推进。

第五,国内服务类别商标比重稳步提升。2018年,服务类国内商标注册达到249.2万件,同比增长约35%,占总申请数量的比重,从2013年的25.1%增长至33.8%,与我国经济社会的发展,由工业主导型转向服务业主导型的发展趋势相符,也从一个侧面显示我国服务业总体呈现平稳增长态势,推动了我国的产业结构持续优化升级。

近年来,随着我国的《国家知识产权战略纲要》出台,中国知识产权保护与发展步伐越来越快,综合能力持续增强。根据《2018年中国知识产权发展状况评价报告》数据表明,2010年以来,全国知识产权保护的综合发展指数逐步提升。以2010年发展水平为基准指数100计算,2018年发展水平指数为257.4,比2017年增长了39.1,如图1-2所示。

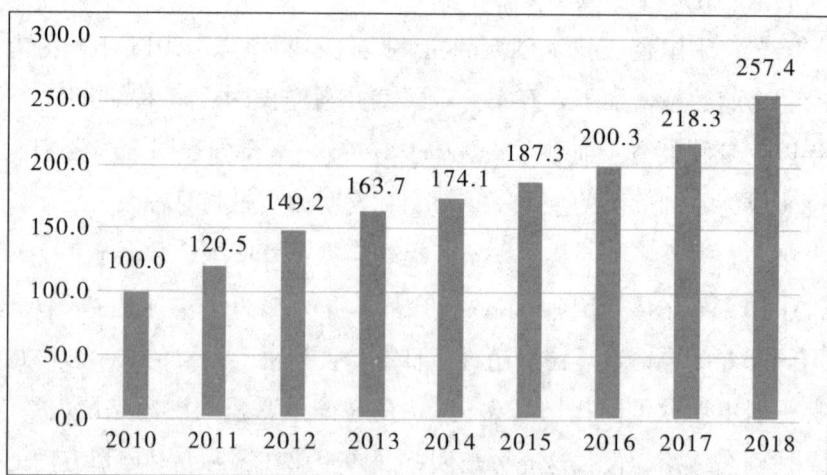

图1-2 中国历年知识产权发展状况指数柱状图

在知识产权运用方面，我国知识产权运用水平得到了显著提升，以2010年发展水平为基准指数100计算，2018年知识产权运用指数达到234.8，比2017年增长了52.1。2018年，我国技术市场成交额合计达到人民币17 6974 213万元，与2017年相比，增加了31.83%，技术市场中专利成交数额合计为人民币20 945 087万元，计算机软件成交数额合计为人民币8 793 395万元，植物新品种成交数额合计为人民币229 036万元，集成电路布图设计成交数额合计为人民币378 028万元，生物和医药新品种的成交数额合计人民币1 432 862万元，说明我国的知识产权运用水平在不断提升。

在知识产权保护方面，我国的国内保护水平和能力成效显著。2018年保护指数达到274.3，比2017年增长41.4，说明国家知识产权保护力度显著增强。2018年，我国相继颁布了《"互联网＋"知识产权保护工作方案》和《关于对知识产权（专利）领域严重失信主体开展联合惩戒的合作备忘录》等相关的知识产权保护文件，知识产权协同保护机制和相关政策得到持续的完善。2018年，我国专利办案合计7.7万件，相关部门查出商标违法案件为3.1万件，案值达到人民币5.5亿元。版权立案查办合计达到2 500起，缴获盗版产品合计377万件，查处非法链接数目达到185万条。全国海关共计扣留进出境的侵权嫌疑物品合计4万余批，涉及侵权嫌疑物品合计2 000万余件。全国受理侵权案件达到3 300件，提起侵权公诉的案件合计4 400余件以及8 300余人，有力地保护了我国知识产权所有人各类知识产权的权利和利益。

在知识产权保护的环境改善方面，我国国内环境水平不断优化。2018年我国知识产权环境指数为271.3，比2017年增长了30.1，说明我国知识产权制度和服务环境不断优化，社会创新主体知识产权意识不断提高。

近年来，我国知识产权服务业发展迅速，2018年我国专利代理机构数量（含分支机构）与商标代理机构数量达到 4.1 万个，与 2017 年相比增加了 16.6%；每万人口商标申请总数量达到 49.9 件，与 2017 年相比增长 28.5%；每万人口著作权数量为 24.9 件，与 2017 年相比增长 25.2%；知识产权保护的社会满意度提高到 76.88 分，较上年提高了 0.19 分，国内知识产权整体服务水平不断优化和提升。

在国际比较方面，近几年，中国知识产权保护的发展，排在世界中等偏上水平，发展速度和质量较快。2017 年位居世界第 8 位，比 2014 年提高了 12 位。2017 年，发展情况总指数得分达到 62.58，和世界排名靠前的国家和地区差距持续减小。2017 年，从知识产权保护的能力、绩效和环境方面来看，指数排名分别为第 5、3 和 24 位，均比 2016 年有明显的提升。这也进一步凸显了我国近年来在强化知识产权创造、保护和运用，优化和改善环境等方面取得的积极成效。

从我国区域发展层面来看，2018 年，国内的 31 个省份与地区知识产权综合发展指数表现出较为明显的阶梯状分布局势，东部省份和地区的知识产权发展水平较好，发展相对均衡，而中部、东北部和西部省份和地区知识产权发展状况有显著的提升。

总体而言，东部省份和地区的知识产权综合发展状况和分布情况，呈现出顶端多底部少的"倒金字塔形"发展形态，中部及东北、西部省份和地区则呈现两头少中间多的"梭形"发展形态，说明我国各个省份与区域的地区间发展存在着一定的差异。

从知识产权保护与发展的排位变化看，我国地区间的发展状况位次波动幅度较小。2018 年各个省份与地区知识产权综合发展指数位次在 −2 ~ 2 区间上下浮动，并无显著变化。

其中，黑龙江、江西、广西等 10 个省份与地区位次未发生变化；内蒙古、江苏和湖北等省份与地区位次则提升 2 位，相对较快；辽宁等 7 个省份与地区位次提升 1 位。

同时，根据相关的统计数据观察来看，我国各个省份与地区知识产权的创造水平差异较大。后发的省份与地区在创新、创造方面综合实力和基础设施相对较差，企业创新创造水平整体实力相对薄弱。

1.3　我国高等学校知识产权发展政策环境

1999年4月，我国教育部部长办公会议通过了《高等学校知识产权保护管理规定》，管理规定的文件中明确地指出，高等学校的知识产权保护工作至关重要，我国的高等学校需要充分利用自身的优势科研资源，激励并鼓励在校师生积极开展发明创造、技术创新的活动，扩大知识产权的规模，提高知识产权的质量，促进知识产权与科技成果的有效转化。

高等学校可以通过教育和宣传法律法规、修改并完善知识产权的管理制度体系、促进科研成果开发和转化等方式，完善我国高等学校知识产权的发展环境。《高等学校知识产权保护管理规定》还对我国高等学校的知识产权组织机构、知识产权归属、知识产权奖励、知识产权责任等方面内容进行了详细的规定，为高等学校知识产权建设和发展提供了重要参考和指导。

2004年11月，教育部、国家知识产权局正式联合颁布了《关于进一步加强高等学校知识产权工作的若干意见》，意见中明确指出：高等学校的知识产权工作需要全面开展，应当从组织架构、制度完善、专项资金设立、审查管理等方面采取相应的措施，完善我国高等学校知识产权保护的建设。其中，增强高等学校师生的创新意识、激发其创造积极性是工作和制度安排的关键。同时，也要加强我国知识产权人才的教育和培养，才能创造良好的宏观知识产权保护环境。

2016 年 12 月，国务院正式颁布了《"十三五"国家知识产权保护和运用规划》。规划中明确提出：要完善"中国制造"知识产权布局，大力支持制造业中骨干企业、高等学校和科研院所的协同创新和联合研发，以产业化带动科技成果转化。要充分发挥我国高等学校、科研院所、行业的专利协同机制，促进我国的知识产权申请、授权、转让，推动知识产权转化进程。

同时，要推动知识产权学科建设工作的开展，加强知识产权人才的培训和教育，建立政府、高等学校和社会综合的培训体系，开展交流合作，全力建设知识产权专业人才队伍。

2017 年 12 月，国家知识产权局办公室、教育部办公厅共同颁布和印发了《高等学校知识产权信息服务中心建设实施办法》。实施办法指出：要深入贯彻落实创新驱动战略，推动高等学校知识产权信息服务中心等设施建设，并做好信息服务工作。高等学校服务中心的主要工作任务是：建立专门的知识产权保护的职能机构，培养信息服务人才，为高等学校知识产权保护提供全方位服务，推动我国高等学校知识产权保护工作的建设，提高科研成果转化效率。

高等学校的知识产权信息服务中心一般依托高等学校图书馆，由高等学校负责基础设施建设、资源配置、制度管理和服务工作的安排，知识产权信息服务中心主要工作职责包括：知识产权信息收集和分析、信息技术和平台的维护、信息咨询服务、知识产权转化服务、知识产权人才队伍和素质培养、知识产权宣传和教育、创新实践指导、知识产权国际交流合作等。

1.4　高等学校知识产权发展实践

随着我国知识产权保护事业的蓬勃发展，高等学校专业人才的需求越来越大，高等学校知识产权的教育工作，也成了知识产权保护与发展持续进步的关键任务。1986年，中国人民大学率先建立了我国第一个高等学校知识产权教学与研究中心，开展知识产权教育实践的探索和研究，并建立了知识产权相关硕士学位培养模式。随后，我国部分高等学校通过MBA与EMBA学位和专业培养模式，培养知识产权保护相关的专业人才，硕博等高层次人才培养模式不断丰富，中国政法大学、中国人民大学等十多所大学目前已经开设了知识产权方向研究生的培养和教育工作。

知识产权发展对专业人才的需求越来越大，作为知识产权运营管理专业人才培养的重要基地，高等学校是主力军，应当积极承担起知识产权运营管理专业人才培养的重要任务。以同济大学等为代表的一批高等学校，开设了知识产权的相关课程，将知识产权运营管理的基础知识进行丰富的讲解和传授，旨在培养高等学校师生知识产权兴趣和知识产权保护意识，增强知识产权问题处理能力和专业素养，以便为社会发展做出贡献。

2017年12月，为进一步落实《"十三五"国家知识产权保护和运用规划》《国家教育事业发展"十三五"规划》相关政策文件，根据我国教育部颁发的《高等学校知识产权信息服务中心建设实施办法》，国家相关部门联合开展了首批知识产权信息服务中心遴选工作，最终确定了包括北京大学等23家高等学校在内的建设名单，以高等学校为推动阵地，推动我国知识产权建设工作，这也是我国高等学校知识产权发展的重要实践，具有里程碑意义。

高等学校知识产权学术会议、研究中心也是知识产权保护建设进程中的重要实践活动。例如，2018年5月，"西南政法大学知识产权研究中心成立十八周年暨成渝知识产权创新发展论坛"举行，各级政府部门、行业企业的管理者、法律部门、不同高等学校的专家学者等积极参加了此次会议。

会议对高等学校知识产权研究中心的成果和学科团队进行全面的讲解和展示，并分享了我国高等学校知识产权建设的成功经验和主要措施。2018 年 11 月，在浙江省杭州市举行的"中国高等学校专利年会"，吸引了全国各地 80 余所高等学校、300 多名知识产权保护的工作人员参加，有力地推动了知识产权的传播和发展。

2018 年 11 月 22 日，国家知识产权培训（江西）基地承办的首期中国高铁知识产权创新与保护高端研修班，在江西南昌开班。中铁六局集团有限公司负责人，华东交通大学的多位学者、教授和全体学员参加了高等学校和企业合作举办的培训班，增强了企业员工的知识产权保护意识，提供了丰富的知识产权保护学习平台和经验参考。

2019 年 6 月 18 日，中国政法大学知识产权创新与竞争研究中心正式成立。研究中心成立的同时，学校也举办了"技术大变革时代的知识产权保护与人才培养研讨会"，对国家知识产权强国战略、发展前沿、高等学校建设等方面进行了全面的分析和探讨。这些实践活动有力地促进了高等学校知识产权的建设工作的开展。

1.5　本章小结

本章首先对国内外知识产权发展的历程，进行了全面的描述和总结。通过相关知识产权发展的历史事件和法律法规、政策文件的分类归纳与分析，让读者对知识产权发展的过程，有了一个全面清晰的认识和了解，也为后面章节的分析知识产权现状奠定了前期的基础。

随后，本章结合《世界知识产权指标 2019 年度报告》《世界知识产权报告》《中国知识产权统计简报》《2018 年中国知识产权发展状况评价报告》等相关的文件和数据，同时结合我国近期的相关国家政策环境，从知识产权分类、中国知识产权的国际合作、中国知识产权的发展特点和发展指数等视角，对全球和我国的知识产权情况进行了详尽的探讨。研究发现，全球知识产权发展水平在不断提高，中国对世界发展做出了重要贡献，在全球的知识产权保护与发展中扮演着重要的角色。

高等学校知识产权的发展，是国家知识产权发展战略的关键构成部分，通过对其发展政策环境和发展实践案例进行分析，发现中国高等学校知识产权的政策支持和保障力度较强，国家治理层面的鼓励和支持高等学校知识产权的实践探索不断推进，高等学校的知识产权发展进步显著。

第 2 章

高等学校知识产权转化和保护

2.1 高等学校知识产权的内涵

2.1.1 知识产权的概念和特征

知识产权，又称为知识的所属权，主要是指：人们对其通过脑力劳动创造出的各种科研成果、活动标记、信誉等获得法律许可的、具有一定时限的个人专有所属权利。如发明成果、外观设计、文学和艺术作品、商业标志或特有名称、图像等。

国外也有学者进一步从法律层面明确提出，知识产权主要是指：脑力劳动成果的发明者，按照法律的相关规定，对其智力劳动所创作的成果和经营活动中的标记、信誉所依法享有的专有权利。一般是国家赋予发明者的成果独占权（Exclusive Right）。知识产权在法律层面的理解，一般是指一种无形的财产权，它的客体是脑力劳动的科研成果和作品，这些权利和权益都受到国家相关法律、法规的保护和约束。

从知识产权概念层面理解，知识产权确实具有财产权和人身权等法律属性。我国的学者陈澄曾经提出：知识产权是指自然人、法人或其他组织机构等发明对象，在法律允许的范围内，拥有对个人智力成果、标记和信誉的权利。我国的《民法通则》中也明确地指出：知识产权是某一主体发明创造出的智力成果，根据法律、法规所拥有的一种民事权利。

知识产权的拥有，需要通过严格的法定程序才能最终获得。因此，知识产权具有以下特征：专有性、地域性、时间性、绝对权、法律约束和限制。

第一，知识产权的专有性，即知识产权独占性或垄断性。除了知识产权拥有者同意和许可，或者法律明确规定之外，其他任何人不能拥有这一项权利。知识产权拥有者独占或垄断的专有权利受到法律的保护和约束，不允许他人侵权。只有通过许可、转让、征用等程序，才可以进行知识产权归属的变更。

第二，知识产权的地域性，即知识产权只能在受到保护和许可的地区范围内，才具有法律效应。除了签订国际公约和相关协定之外，被某一国家和地区法律保护的知识产权，仅能在该国家和地区内具有法律效应。因而，知识产权的保护也具有地域保护的特性。

第三，知识产权的时间性，即知识产权只在规定的期限内得到保护。法律对知识产权的保护具有一定的期限，不同国家和地区的保护周期不同。不同国家和地区签订有知识产权保护的协议或公约时，才能具有统一的约定的保护期限。

第四，知识产权的绝对权，与法律规定的物权中的所有权类似，知识产权是产权拥有者对客体的直接支配、使用运用、获得利益、处理处置的权利，或是被他人支配，并不具有占有的权利。因此，一般情况下，知识产权也具有排他性和移转性等特征。

第五，知识产权的法律约束和限制。由于智力成果具有社会公共性，不同类型科技成果都与社会发展或产业行业存在紧密的关系。所以，知识产权不能长期归个人占有。因此，法律对产权的保护周期、存续期、奖惩措施都有明确的规定，因而知识产权拥有者受到法律约束和限制。

2.1.2 知识产权的类型

知识产权是通过脑力劳动所获得科技成果的拥有权，根据不同国家和地区法律、法规的规定，赋予符合一定法律条件的著作者、发明者，对他们创新、思考、创造而获得的作品和成果等，在一定期限内享有的独占权利。它一般分为两种类型，即著作权和工业产权。

著作权也称为版权或文学产权，其内涵是个人或组织机构在法律允许的范围内，所拥有的财产权利和精神权利的总称。文学产物、艺术作品和科技产品的创造者，在作品和成果完成时就已经产生了该权利。不同的国家和地区，对著作权的定义存在差异。在我国，广义的著作权包括狭义的著作权、著作邻接权、计算机软件著作权等，而狭义的著作权包括发表权、署名权、修改权、保护作品完整权、使用权和获得报酬权等。

工业产权又称为产业产权，主要是指不同的行业领域，如工业、农业等，具有实用价值的财产权，一般包括商标权、专利保护权和商号权等。

商标权是指有关国家管理部门对申请商标的个人或组织机构，按照法律规定赋予其商标所享有的独占的排他的权利。商标的含义是指：能够有效区分不同产品和服务的，具有商业用途的标志、记号等，可以由不同的文字、图形、声音等要素构成。我国商标权的获得，必须通过注册的流程，按照申请在先的原则执行。商标对维护商品贸易市场的秩序具有重要意义。

专利保护权是指对发明、实用新型、外观设计等不同类型产品和成果，通过向国家专利局申请发明等专利，审核通过后，在一定期限内享有知识产权的法律保护的权利，不受他人侵犯，依法享有权益保障。

商号权是指某一厂商的名称权，是对个人登记备案的商业组织机构的一种名称使用权，但与个人姓名权不能等同。

随着经济社会的进步，知识产权的内涵持续丰富。因此，也涵盖一些特殊的衍生权利，如商业秘密权、植物新品种权、集成电路布图设计权等，这些权利也是法律所赋予组织机构或个人享受的成果权利，也囊括在知识产权保护的范围之内。

2.1.3　高等学校知识产权的内容

1999 年 4 月，我国教育部正式颁布了《高等学校知识产权保护管理规定》。管理规定中，对于高等学校知识产权保护等主要内容进行了详细的诠释和说明。其中的知识产权主要包括：专利权、商标权、技术秘密和商业秘密、著作权及其邻接权、校标和各种服务标记及根据国家法律、法规和合约等拥有的其他知识产权等权利。

1. 高等学校的专利权

高等学校的专利权，与通用的专利权概念和内涵一致。简称为专利，主要是指发明创造者、被许可者在法律、法规规定的范围和周期内，拥有的使用、收益、处分、转让的，并排除其他人干涉的权利。

高等学校的专利权也具有排他性、时间性和地域性等特征，既包含专利的人身权，又包含专利的财产权。高等学校知识产权的权利获取，也必须经过专利局的申请程序和流程，严格审核后，权利人才能够具有实施许可权、标示权和转让权。

2. 高等学校的商标权

高等学校的商标权，与通用的商标权概念和内涵一致。主要是指已登记注册、由不同元素组成的，商业标志归申请人所独有的权利。高等学校的商标权也同样具有独占性、时效性、地域性、财产性和类别性等特征。

3. 高等学校的技术秘密和商业秘密

高等学校的技术秘密和商业秘密，与通用的技术秘密和商业秘密的概念和内涵一致。高等学校的商业秘密是指为了维护国家、地区或产业的经济等利益，根据国家规定，对高等学校技术活动各环节中的流程进行严格保密的行为。一般是指高等学校的先进、实用但还未申请专利的技术秘密，包括高等学校的设计图纸、配方、数据公式，以及技术人员的经验和知识等。

高等学校的商业秘密是指在商业活动中，不能在社会公布的、能为个人或组织带来经济收益的商业行为，采取一系列保密措施来进行的有关活动，包括高等学校的商业计划、票据报表、方案资料、生产配方、数据信息等。

4. 高等学校的著作权及其邻接权

高等学校的著作权及其邻接权，与通用的著作权及其邻接权的概念和内涵一致。狭义上的高等学校的著作权是指作者对其创造出的作品，在符合法律法规的基础上拥有的个人权利。广义上的著作权还包括邻接权，主要是指除作者外的其他人，对作品之外的客体享有的权利。两者的区别主要表现在：

第一，高等学校著作权及其邻接权主体不同。高等学校的著作权的主体是作品的创造者，主要包括自然人和法人；而高等学校邻接权的主体是出版者、表演者、音像制作者、广播电视组织机构等。

第二，高等学校著作权及其邻接权保护对象不同。高等学校的著作权保护的对象是文学、艺术和科学作品；邻接权保护的对象是经过传播者进行加工后的作品。即保护的对象分别是原创作品和加工作品。

第三，高等学校著作权及其邻接权内容不同。高等学校的著作权主要指作者对其作品享有发表、署名等人身权和复制、发行等财产权；高等学校邻接权的内容主要是不同主体对其客体的权利，如出版者对其出版的书刊的权利，因此，两者受保护的前提不同。

5. 高等学校的校标和各种服务标记

高等学校的校标和各种服务标记，与通用的校标和各种服务标记的概念和内涵一致。各种服务标记是指以高等学校自身的名义，根据相关的流程申请注册、受法律保护的商标和校标、校训、标志性建筑名称、图案等高等学校的其他服务性标记等。

高等学校的注册商标、校标、校训、标志性建筑名称、图案和各种服务标记等全部属于知识产权的管理范畴，这些标识与企业的商标、网络环境下的域名类似，属于高等学校的无形财产。这些标记是高等学校自身风格的重要体现，凝聚了高等学校浓厚的发展历史、校训和校风。

高等学校的校标是指蕴含高等学校特色、文化底蕴、历史印记的各种图案、字母、汉字、数字、色彩等元素组合而成的标志。

高等学校的服务标记主要是指使用与高等学校相关的标识，为社会群体或个体提供不同劳动服务而使用的标志等，以便区别于其他服务主体的特殊标记。

6. 其他的知识产权内容

高等学校的其他知识产权内容，与通用的其他知识产权的概念和内涵一致。其他的知识产权内容主要包括：动植物新品种、已审定或认定的动植物品种、已注册的新兽药证书等科技成果、未公开的信息、集成电路布图设计、地理标识，符合法律法规的高等学校享有的知识产权等。

2.2　高等学校知识产权转化

2.2.1　高等学校知识产权转化的内涵和特征

高等学校知识产权的转化，是指将高等学校相关的脑力劳动所获得相关科技成果或社会成果，转变成社会发展所需要的生产力，进而产生经济效益的过程。知识产权的转化主要包括科技类成果和社会类成果两大类知识产权的转化，高等学校科技类和社会类成果的转化，对人类的社会进步与发展产生着重要影响。

在后续的章节我们会详细展开讨论和分析与高等学校知识产权的转化比较接近和交叉的概念——技术转移。技术转移（Technology Transfer），也称为技术商业化（Technology Commercialization），是一个在政府、高等学校与其他公共组织机构之间转移技艺、知识、科技、生产方法、生产成果与设备的过程，通过这个过程，来确保科学技术的发展成果顺利而有序地传播至市场中、传播至更广泛领域的使用者手中。而这些使用者，可以进一步研发出新的产品、工艺、应用、材料或者服务等。也有人认为，技术转移是将有潜力的研究项目转移传递。通过转移传递的过程，使技术发展至成熟阶段，从而为大批量生产制造奠定基础。简单地说，技术转移就是产学研连带过程中，技术从研究者手中转移至市场，实现技术的商业化。

关于技术转移，我国通常称为"科技成果转化"，根据《中华人民共和国促进技术成果转化法》第二条定义的概念，科技成果转化是指为提高生产力水平，而对科学研究与技术开发所产生的具有实用价值的科技成果进行的后续试验、开发、应用、推广直至形成新产品、新工艺、新材料，发展新产品等活动。

科技成果转化过程中的关键要素，是已有的知识产权与科技成果。科技成果转化，是将已有的科技活动的成果转移至市场，以实现科技成果的商品化、产业化。这个过程包括三个阶段：科技成果的研发阶段、转移阶段、运用阶段。这三个阶段都离不开科技成果与人才两个基本要素，其中人才要素包括高水平的专业科技人员、科技管理人员和高质量的劳动力。以下按照科技类成果和社会类成果描述，具体地讲述知识产权转化。

第一，高等学校科技类成果知识产权转化。

国外的学者对科技成果转化的内涵，主要从科技成果商业化的角度进行了详细的界定。西方学者认为科技成果与知识产权的转化主要包括成果的产业化和商业化过程，最终获得经济效益的产出。

1996 年，全国人民代表大会常务委员会正式颁布和实施了《中华人民共和国促进科技成果转化法》，该法案第一次对科技类相关成果的转化进行了权威的界定，明确提出科技类相关成果的转化，以提升社会生产力为目的，对相关活动产生的科技成果进行实验研究、实践应用、社会推广等，产生创新产品的活动。对高等学校来说，其主要的核心任务是进行知识创造和教育培养人才，虽然不会为迎合市场需求过于主动地转化为产品或服务，但是，为了将科技成果的社会效益和经济价值充分发挥，那就不可避免地要进行商业性的活动，进而开展科技类相关成果的转化。

目前，学术界对高等学校的科技成果转化存在狭义和广义类的见解。从狭义解释来看，高等学校的技术领域的科技类成果，是通过科研开发向生产领域转化应用。这部分的知识产权转化，主要是以专利类的技术成果为主导，通过技术开发和产品开发，最终形成新的产品、工艺或技术方法，过程涵盖研究、开发、试验、生产等环节，从而实现新产品、新工艺或者新技术方法的商品化和产业化。从广义解释来看，在高等学校的科技研究、技术创新及商业生产的过程中，各主体将科学技术成果转化为现实直接生产力，其目的是通过科技实践活动带动经济增长和服务社会发展，而该过程中发生的一切状态变化，实质上就是存在于知识产权转化过程中的，它包括基础研发、应用示范、开发研究和市场营销四个阶段。

第二，高等学校社会类成果知识产权转化。

高等学校的社会科学研究，是将社会现象作为观察的基础。同时，也是揭示社会现象发展规律的学科门类。社会科学研究成果主要是以思想、理论等观念形态而呈现出的事物和作品。

我国学者张国春（2016）提出高等学校的社科类成果的定义：对人类社会发展或社会学科发展中的问题，运用科学的分析方法，通过创造性的智力劳动，产生出具有学术价值和社会价值的知识产品，一般体现为专著、学术论文、研究报告、对策建议、影像资料等具体的表现形式。

因此，高等学校的社会科学成果具有价值性、创新性、规范性和科学性。社会科学成果同自然科学的成果一样，都是科研活动的结晶，也具备知识产权转化的必要性和实施性等特点。

高等学校的社会科学成果一般分成两类：基础性研究成果和应用型研究成果。一些学者认为社会科学成果转化是指，基础性研究成果和应用型研究成果两者之间通过教育和实践的方式逐渐进行转化的过程，主要通过管理活动而形成社会所需的生产指导方式，最终产生物质等产品。

有学者认为高等学校的社会科学成果转化一般是指社会主体为实现特定目标，而自觉接受社会科学成果影响或应用社会科学成果的活动过程。也有学者则通过划分社科成果转化的方式来定义概念。

其一，高等学校的社会科学成果转化为人的思想或意识形态，这是思想到思想的转化，如教书育人；其二，高等学校的社会科学成果转化为组织或个体决策，这类决策针对不同主体产生不同的反应，这种转化方式是思想向行为的转化；其三，高等学校的社会科学成果转化为社会需求的产物，产生效益，具有隐形性特点。经过上述三种社会科学成果转化后，会出现决策主体与现实相互碰撞的现象，最后影响国家、社会或个人，这一过程也就是精神向物质或思维存在的转化过程。

综合学者们的观点，本书认为，高等学校的社会科学成果转化是指：某一主体为了实现特定的计划目标，自愿接受其影响或对社会科学成果进行创新应用的过程，这个过程包括向政策转化、向思想转化以及制度法规的更迭。

高等学校知识产权转化系统的主要构成要素应该包括科技成果和智力成果转让和受让方、技术转移的中介方和政府宏观调控方，高等学校知识产权的转化需要多方参与，才能更好地促进科技成果和智力劳动成果的转化。知识产权转化系统的多方参与，具体包括：

一是科技成果和社科成果转让方和受让方。高等学校是科技成果和社科成果的转让方。两种不同类型的成果，是在高等学校这一优势资源平台，集中展开试验和研究的。科技成果和社科成果的产生是需要高等学校科研工作者，通过反复试验和实证调查研究来获得的。因此，高等学校是知识成果产生的重要平台。高等学校科技成果和社会科学成果的受让方和需求方是社会和产业企业，这些主体是高等学校成果的接收方，它们负责将科技成果和社科成果产业化、商品化，形成能够促进经济增长的重要路径。高等学校知识产权转化的质量和数量，与各方主体密切相关，因此，产学研协同合作，是高等学校知识产权能否顺利转化的重要基础条件。

二是科技成果和社科成果转移中介方。高等学校科技成果和社科成果转移的相关中介组织机构，是促进不同类型成果转化的主要辅助机构。社会技术服务咨询机构、高等学校的科技处或技术转移中心、政府参与转化的相关组织机构等，都是促进高等学校知识产权转化的重要推动力量，这些组织机构是连接科技成果、社科成果转让方和受让方的关键桥梁和纽带，通过专业的技术服务和知识产权转移知识经验、法律法规、人力资源、物资供应等，为不同主体提供信息服务和建议咨询。中介组织机构为高等学校科技成果和社科成果产生、知识产权管理、合同签订、收益分配等提供重要的制度保障，并根据市场容量和发展规律，引导劳动智力成果的交易扩展。

三是科技成果和社科成果转移的政府宏观调控方。高等学校的技术研发成果和智力劳动成果，作为社会进步的重要知识成果输出，需要政府通过相关政策制度、计划办法等各种手段措施来推动高等学校科技成果和社科成果转化的各个参与主体，进行宏观调整和引导指引。政府可以通过财政扶持、税费减免等措施，支持高等学校和企业建立产学研协同合作平台、组织机构。通过各项人才培养、教育和激励措施，为高等学校科研工作者在职称晋升、激励奖励等方面制定优惠政策，为高等学校科技成果和社科成果转化进行宏观调控和指导，为实现高等学校科技成果和社科成果转化的规范化、科学化运行和发展奠定良好的基础。

高等学校科技成果和社科成果转化的特征，主要包括价值功能多重性、管理复杂性、成果形式多样性。

高等学校知识产权转化价值功能的多样性。高等学校具有教育、培养优秀社会人才、传播丰富知识技能的社会责任与职能，也是创造知识、研究课题、发现规律的重要研究基地。高等学校科技成果和社科成果的转化，是将成果应用到社会实践、产业活动的重要途径，为技术进步提供重要支撑。同时，应用到社会当中，也可以为高等学校课程体系的丰富和教学内容的改革提供创新思路和方向。所以，高等学校科技成果和社会成果等知识产权的转化，具有重要的教育、科研、经济价值等多样的功能特性，同时扮演多样化的社会角色。

高等学校知识产权转化管理的复杂性。高等学校承担教学、科研、成果转化等多项任务，这些任务的实施和执行需要不同的运行管理机制、科研人员来支持和保障，高等学校组织结构和人力资源分配使得其科研成果转化变得复杂烦琐。科学研究的性质、项目类别、项目来源和研究领域存在差异性，需要不同的管理方式和考核评价体系来完成。同时，不同研究阶段也需要不同的管理模式和体系来进行约束。如在早期的研发阶段，高等学校需要通过事业管理模式进行审核、协调、引导，后期的成果转化阶段则应以企业管理方式调研走访、推广应用及提供咨询服务。同时，高等学校的科研项目参与主体较多，包括专职和兼职科研工作者、技术人员、行政管理人员和研究生等，主体参与科研项目转化的成果也会存在不同，多层人事管理也使其更加复杂。

高等学校知识产权转化成果形式多样性。高等学校的科研性质和类型决定了科技成果和社科成果转化的形式存在较大差异，有的科研成果可以直接转化成产品和商品，有的需要在企业内部进行反复试验和开发，才能成为市场需求的产品，有的则需要形成完善的理论研究成果，才能进一步开展应用实践。同时，高等学校科技成果和社科成果等知识产权转化的效果评价，也呈现多样性。

高等学校基本上都将发表学术论文和著作等作为衡量成果的标准，产业企业一般则是以成果的市场收益作为产品好坏的依据，政府相关部门和社会团体因为需求目标的差异性，会对科研成果的评价结构产生影响。因此，科技成果和社科成果知识产权的转化形式呈现多样化。

2.2.2　高等学校知识产权转化模式

随着知识经济时代的到来，知识产权转化的重要性日益增强。国外一些高等学校也积极适应时代变化，采取了各种不同的措施方法，来推动知识产权的转化进程。1980 年，《拜杜法案》颁布，一些美国高等学校都相继成立和建设了校内的技术机构组织（Office of Technology License，OTL），这些高等学校在研究成果专利、评估和商业化过程中发挥了重要作用。随着时间的推移，这种 OTL 模式，逐渐成为美国高等学校技术转移和知识产权转化的基础模式。日本有关部门则是通过成立和建设科学技术振兴事业团（Japan Science and Technology Agency，JST），来进一步推动高等学校和科研院所开展合作研究的重要桥梁，并积极与政府、行业和高等学校开展交流合作，有力地推动了知识产权的良好转化。英国政府自 1975 年出台"联系计划"和"法拉第合作计划"后，为高等学校同企业合作实施知识产权转化提供了有力的保证，扫除了阻碍高等学校知识产权转化的不利因素。之后，英国的技术集团（National Research Development Company）发展成为高等学校、企业和政府合作的中介组织机构，专门从事技术转移和开发工作，帮助各方实现知识产权的顺利转化。

近年来，我国高等学校知识产权转化建设工作持续快速地发展，取得了丰硕的成果，80% 以上的高等学校基本完成了管理机构组织的成立、建设和配置工作，60% 以上的高等学校基本完善了相关文件制度，有力地保障了高等学校和师生的知识产权与科技成果的权益。

市场需求分析是高等学校开展转化模式的关键环节。因此，高等学校如何根据商业市场的需求，不断发掘技术成果价值，才是重要的任务。高等学校知识产权转化模式，可以分为以下四种类型：高等学校知识产权职能部门转化模式、高等学校知识产权信息服务中心转化模式、高等学校衍生企业转化模式及政府、企业和高等学校合作转化模式等。

1. 高等学校知识产权职能部门转化模式

随着经济社会的发展，高等学校的相关职能部门不断丰富和完善，相关资源配置越来越全面和丰富。目前，我国多数高等学校，基本上都完成了技术转移组织部门的建设和管理工作，如大学科技园、知识产权转移中心等，有力地推动了高等学校知识产权转化进展。例如，清华大学、北京理工大学、浙江大学、郑州大学、上海理工大学等多所国内知名高等学校，相继建立了高等学校技术转移中心。

以北京理工大学为例，该学校建立了独立的技术转移中心，全面负责各种知识产权与科研成果的转化工作，从组织、计划、实施、监控、管理、沟通、审批、商业化等各个过程，都有相关负责者参与。因此，高等学校科学技术成果的转化效率与之前相比有明显提升。科研成果的转让、授权、许可等转化过程都有相关专业负责人参与。因此，技术转化和知识管理体系相对健全，有力地保障了高等学校师生的成果。同时，高等学校技术转移中心还积极开展各种活动、对接会议、科技成果交易等各类活动，宣传和推广高等学校的各类成果，促进成果的商业化转变，为高等学校知识产权转化提供了巨大的活力。

2. 高等学校知识产权信息服务中心转化模式

2016 年，国家有关部门联合对我国 152 所高等学校的知识产权服务、运营管理工作相关情况进行了全面的调查研究，针对国内的高等学校知识产权的管理组织机构、图书馆、科研三类人员发放调查问卷，通过对 4 000 多份问卷调查结果分析，最终确定了建设知识产权信息服务中心的高等学校名单，并调集全国各种资源大力支持其发展建设。通过全面的遴选，2017 年确定了北京大学等 23 家国家知识产权信息服务中心名单。这些服务中心的主要任务是：收集和整理高等学校相关信息资源，通过信息咨询服务和答疑，参与转化过程提供建议，开展成果转化宣传和教育活动，培养管理的专业人才，提供场地和经验指导，等等。高等学校信息服务中心对其成果转化起到了至关重要的推动作用，增强了高等学校自主知识产权转化的能力。

3. 高等学校衍生企业的转化模式

高等学校衍生的企业主要分为自办和合办等类型，这类企业是从高等学校中抽离出来的资源重组而产生的，对增强高等学校成果转化效率具有积极意义。这些高等学校隶属的孵化器企业、科技园企业，能够充分发挥其企业的性质和作用，将成果拥有者、高等学校管理人员等各类人才一同纳入企业的运作和发展进程中，直接或间接参与成果的管理和转化工作。既锻炼了高等学校管理者的素养和能力，又培养和教育了一大批科研工作者，有利地带动了高等学校和企业人才培养和建设；为高等学校知识产权转化输送了专业人才的同时，也提供了更为科学全面的保障力度；同时也与商业市场联系紧密，有利于及时发现和了解市场需求，进而寻找契机进行成果转化。

以中南大学为例，21 世纪以来，中南大学充分发挥其核心技术优势，先后建立的高等学校衍生企业数量达到 150 多家，如山河智能、红宇新材等知名公司，在产业各领域形成了独具特色的产业链条，有力地推动了高等学校成果转化和产业企业的发展。2018 年 5 月，中南大学又建立了科技园研发总部，依托高等学校资源优势，与政府、产业密切合作，将学校的各类成果实现产地快速转化，为经济高质量、高速度增长注入新的动力和活力，极大地促进了高等学校知识产权转化进程。

4. 政府、企业和高等学校的合作转化模式

高等学校知识产权的转化，受到高等学校本身性质、实力、经验、社会环境、社会需求、人力资源的影响，转化效率普遍较低。因此，高等学校很难做到独立完成知识产权的转化过程。高等学校与政府、企业

的多方合作有利于高等学校成果转化。

多方合作使得高等学校转化的主体多元化，通过政府等有关部门的指导和协调，结合商业市场的技术和知识需求，依托高等学校丰富核心资源优势为保障，加上专业人才的流程化管理，各方优势互补，相互帮助，就能更好地提高高等学校知识产权转化的效率和数量，形成了一个各方共赢的合作机制，扩大了成果推广和转化的范围和区域，通过多种形式的宣传和展览，弥补高等学校转化的劣势，发挥企业的市场优势，快速实现成果和需求的对接，提高了高等学校转化的效率。

2.2.3 高等学校知识产权转化问题分析

1. 高等学校知识产权转化意识淡薄

知识产权转化意识淡薄，是高等学校发展中亟待解决的重要问题。高等学校与产业企业相比，存在一些相对的劣势，高等学校师生的知识产权保护和成果转化的意识和观念思想普遍缺失，且相对淡薄。高等学校知识产权转化意识淡薄主要与高等学校的职称评定、传统知识产权保护观念和校内的科研评价体系等有密切关系。

首先，知识产权的产出数量、质量等社会需求与高等学校的意识和观念，直接存在巨大的差距。高等学校科研工作者，是知识产权建设和成果转化的重要主体，有必要提高对师生的重视和关注程度。但是，高等学校的科研工作者较为注重学术论文、专利发明、专著出版、评优评先、课题申请等与职称相关的学术任务，职称和晋升的压力相对较大。由于高等学校科研人员的精力有限、利益导向等原因，进而忽视了后续知识产权保护和科研成果的转化和商业化的问题。

目前，高等学校现有的科研评价体系，对知识产权和科研成果的转化也在一定程度上存在不利的影响。我国的高等学校大多数科研人员都是通过绩效考核、职称评选、科研项目的等级来进行绩效评价和评优，而往往忽视了科研成果转化的价值。高等学校普遍没有意识到知识产权成果转化，将给高等学校的发展带来难以估量的社会进步的影响和经济发展影响，仍然以传统的科研思维为主，将科研的产出数量和质量作为重要标准来考核科技成果，而不是将成果转化作为评价的标准依据和衡量准则。高等学校科研工作者，将自己的各类科研成果，作为职称晋升的重要任务和实现方式，学校把科研工作者的各种类型知识成果作为评奖的附件依据，大量有价值的知识成果，只是存留在年底、月底的科研成果统计文件中。这样在无形中造成大量的潜在损失和应用价值被搁置。

高等学校师生的知识产权转化观念仍然不足，思想意识、观念等跟不上社会变迁的速度。这些年来，虽然我国的不同省份和地区采取了各种措施增强高等学校师生知识产权转化的认识，但是由于受到传统思维的影响，多数科研人员的思想还是无法从根本上扭转。即使部分高等学校有相关机构和组织或中介组织结构负责知识产权专利的转化和利用，但是相关组织机构往往注重专利等知识产权的申请和研究开发阶段，往往忽视专利等知识产权的实践应用和宣传推广，无法满足市场的迫切需求，进而失去了这些知识产权的丰富的价值内涵。

同时，在研发过程中，由于在学术交流和走访过程中缺乏知识产权保护的意识，高等学校的科研工作者对专利等知识产权申请的经验不足，最终导致其科研成果失密，被其他人员获取，被其他人员借鉴和模仿，其知识产权应有的权利流失。

因此，高等学校的科研工作者和管理者，普遍存在转化意识淡薄的问题，导致高等学校知识产权转化效率较低。

2. 高等学校对市场技术需求分析不足

高等学校对技术市场需求认识不足。高等学校的主要任务和责任，是进行培养、教育人才和开展科学研究，所以高等学校对产业、企业技术市场需求的认识和了解不足，产业、企业对高等学校的各类先进成果也缺乏足够的认识，熟悉程度较低，两者之间的沟通、流通存在问题，双方没有密切的合作，也就无法有效地匹配技术需求。高等学校在知识产权转化方面处于被动地位，高等学校的科研项目大多数是基础性的技术研究和社会科学基础研究项目，许多科研项目都是在研究完成后才去相关商业市场进行相关调查和需求匹配拓展，知识成果缺乏针对性。

大部分高等学校的知识产权都是企业或中介组织机构主动联系和咨询，高等学校自身也缺乏有效的转化途径和市场需求路径，很难做到主动进行知识产权转化。高等学校的研发项目，缺乏企业市场需求的针对性和适应性，使得研发的知识产权应用性和实践操作性太差，使得高等学校科研转化效率较低。高等学校课题申请，多数是立足于学术文献基础上，与市场的需求和企业动态联系并不紧密。高等学校知识产权成果的转化流程和经验不足，大部分知识产权成果的理论程度较高、技术含量较低，产业没有任何方式直接运用和实践，部分专利等知识产权无法高效转化和利用。

高等学校与外部产业企业沟通不足。高等学校知识产权的市场技术需求方面分析不到位，高等学校与相关企业沟通渠道不畅，高等学校授权的知识产权因为找不到适合的市场需求和企业需求，无法及时有效转化。同时，企业的技术难题较为复杂，知识产权的实践应用，还需要相关专业人才的技术支持和经验指导，企业对高等学校的技术实力和能力不太清楚，无法及时有效地促进成果转化。高等学校相关知识产权的转化方式和专利类型选择，需要有专门的指导和分析，信息沟通不畅，使得知识产权转化的供求关系难以平衡。

高等学校的各类成果,由于受到区域地理位置和科研队伍配置等因素的限制,创造的知识产权成果的适用性、先进性、成熟性、匹配性都还有待增强,推广应用的周期相对较长。高等学校的成果缺乏资金的支撑进行科学试验,相关设备和技术不完善,导致高等学校的知识产权成果与市场需求偏差较大,成果跟不上企业技术需求。

高等学校成果转化的重要前提条件,就是分析和挖掘潜在的市场需求。但是,其对企业成长环境和发展层次调查不足,而是偏重基础理论的研究和方法的创新改进,忽视了成果的市场价值,因此,市场技术需求的分析和挖掘工作需要进一步深入开展。

3. 高等学校知识产权转化制度和机制不完善

高等学校知识产权成果考核评估制度和激励制度存在不足,仍然存在许多需要完善的地方。高等学校应当充分发挥知识产权创造的优势力量,支援和响应国家战略需求。但是,高等学校在知识产权转化方面、运行管理和人才培养方面与企业相比,缺乏实践经验。虽然,高等学校在创新人才、科研设施、专利数量上具有优势,但是仍然导致转化效率普遍较低。

高等学校知识产权的转化,缺乏与其配套的制度体系和管理机制,是影响其知识产权发展的关键因素。我国部分的高等学校知识产权的转化起步较晚,基础设施建设条件不足,高等学校师生的知识产权转化意识和观念较弱,权益流失现象普遍存在,究其根本的原因,主要是高等学校缺乏完善相应的制度体系和管理机制。

高等学校目前的绩效考评和成果评价办法,主要是通过专利数量、论文质量、课题等级等对科研工作者进行考核,而缺乏对高等学校科研成果知识产权的转化考核标准,导致各类成果不受科研工作者的重视和关注。高等学校对高水平学术论文奖励力度较大。在科技成果和社科成果转化方面虽然有一些奖励政策,但是转化的风险和成本与发表学术论文相比，高等学校科研工作者更愿意从事基础性科学研究，完成专利等知识产权的申请和课题项目等基础性质的任务就能够获得奖励。因而，对知识产权转化并不十分重视，相关激励制度和机制的缺失，使得高等学校的师生对知识产权的转化的积极性普遍较低。

高等学校知识产权存在转化流程复杂和管理部门权责不清晰的各类弊端。大部分高等学校知识产权转化，需要财务部门进行经费审核，科研管理部门进行鉴定登记，国有资产管理部门进行知识产权评估和转让等繁杂的程序。因此，知识产权转化需要经过大量的周期和复杂的审批鉴定程序。相关制度的制定，需要整合各个部门资源，各部门之间对知识产权转化的协调工作较为复杂，知识产权的转化很难实现系统化、完整性管理。

同时，高等学校知识产权制度，对于知识产权的归属和权责不够明确，机构安排和流程设计不尽科学，缺乏有针对性的监督和管理协调机制，导致高等学校知识产权转化较为复杂困难。高等学校知识产权的运营管理缺乏一体化的转化机制，各部门之间难以形成流程化的转化路径，国内的高等学校普遍存在知识产权管理程序不科学的困境，高等学校设置的技术转移机构与企业公司化运营相比存在劣势，高等学校的知识产权管理工作的职责权限划分不够清晰，缺乏专业人才进行管理，也缺乏全面的制度进行约束，因而，高等学校的知识产权转化制度建设和运行机制存在很大问题，需要进一步完善和修改。

4. 高等学校知识产权转化的高素质人才相对匮乏

高等学校知识产权转化人才相对匮乏，队伍建设和管理配置相对不足。高等学校知识产权的运营管理工作，一般是由高等学校的财务部门、国有资产管理部门、科技处或社科处等组织机构负责。这些部门的行政人员，缺乏专业管理技能和知识的教育和培训。知识产权的转化过程涵盖技术知识、目标市场、法律法规、财务保障、咨询服务等方面，相关人员需要具备丰富的转化知识教育背景、相关法律条例、财务技能和商业洞察力。我国高等学校的知识产权相关部门大多数来源于教育背景单一的从业人员，因此知识产权转化人才队伍建设相对困难，专业人才相对匮乏。

高等学校知识产权的转化，需要经过不同部门多个管理人员进行登记、鉴定、评估等流程，运营管理人员对知识产权的认定、分析和评估技能和经验不足，同时，高等学校人员缺乏专业的技术团队，对知识产权应用市场、需求进行合理分析，导致知识产权与社会相脱节，推广应用难度高。高等学校从事这类工作的管理者普遍局限于高等学校这一区域，缺乏跨区域转化的实践经验，对成果的了解和认识不足，难免出现转化失败和转化效率不高等问题，影响高等学校知识产权转化的周期和进度。因而，高等学校的知识产权转化效率普遍偏低，主要原因还是缺乏专业化管理队伍。

进行高等学校知识产权创造的科研人员的相关经验积累和实践环节相对较少，知识产权转化意识还停留在传统阶段。多数科研工作者的知识产权成果缺乏实践应用，指导技术成果和社科成果转化的能力相对较弱。高等学校的科研工作者除了对从事专业研究的学者相对熟悉外，对其他科研工作者在知识产权领域接触和了解得较少，进行知识产权转化的专业人才也相对较少，具备专业素养和管理技能经验的人才更加匮乏，这使得从事转化的专业队伍配置相对较差。

知识产权流失、应用推广失败、转化不畅、流程复杂、周期过长等因素的影响，归根结底就是缺乏专业人才的运营管理和实践。科研工作者对知识产权的了解也相对较少，使得其在转化过程中缺乏法律维护意识，管理者和创造者都不具备知识产权转化经验和意识，就会大大降低转化的效率和结果，因而，专业的知识产权转移人才是高等学校开展相关转化活动的重要因素，必须加强重视的力度。

2.2.4　高等学校知识产权转化策略

1. 加强高等学校知识产权转化理念建设

加强高等学校知识产权转化理念建设，首先要加大知识产权转化的宣传推广、教育和培训的强度，积极开展各类宣传推广活动，建立良好的传播氛围。高等学校知识产权转化意识淡薄的主要原因是：高等学校知识产权转化的理念建设缓慢，科研工作教师、学生和管理人员对知识产权转化的理解和认识不足。加强宣传推广、教育教学和技能培训力度，是推进知识产权理念建设的关键环节，不容忽视。因此，高等学校可以通过新媒体、互联网设计平台等措施构建多层次、多渠道的宣传教育路径，通过校园广播、微信、微博、网站等多种方式增强高等学校人员的知识产权意识。

高等学校还可以通过定期举办宣讲会和培训会等活动，对知识产权相关知识和技能进行讲解和分析，对相关政策法律法规进行讲解，让高等学校专业人员对知识产权转化过程有一个清楚的认识和了解，以便转变高等学校员工的知识产权转化观念。

高等学校还可以通过案例分析、视频授课、专家讲授等多种方式，培养高等学校人员的转化意识，让他们熟悉转化的方式和过程，增强转化的意识和观念。同时，高等学校应当积极努力营造转化的氛围和环境，增强与企业的交流合作。知识产权意识淡薄，是高等学校转化的文化氛围不够浓厚的主要原因，转化环境因素导致学校没有良好的转化和推广氛围。高等学校应当采取措施完善知识产权转化文化建设工作。

进一步具体可以通过完善知识产权相关的制度、建立转化文化宣传墙，张贴转化相关知识流程、法律法规相关海报资料，努力建设良好的高等学校转化环境。同时，高等学校可以加强与企业之间的学习、交流和合作活动，鼓励和选派优秀的教师、高等学校知识产权管理人员代表去企业进行知识产权转化学习，吸收企业技术成果转化的经验和管理技能，与相关企业、组织机构在转化进程中进行密切合作，并邀请企业知识产权专家和工作者前往高校进行相关经验分享和交流，分享知识产权转化的案例和技巧，以提高转化整体建设理念，促进高等学校转化氛围的形成，推动高等学校知识产权发展和建设进程。

2. 强化高等学校知识产权转化市场导向

市场需求是高等学校知识产权转化能否成功的重要环节，我国大部分高等学校属于独立的国有事业单位，导致高等学校在知识产权转化方面缺乏实践运营管理经验，使得高等学校知识产权转化没有针对性，转化效率普遍较低，强化高等学校知识产权转化的市场导向，有助于我国的高等学校了解市场需求。首先，高等学校可以通过建立产学研合作联盟，来加强高等学校对外部市场和相关企业需求的认识和理解。产学研联盟中，企业和科研院所是站在技术成果研究的前沿方向，对市场需求的调查分析相对全面透彻。高等学校可以通过建立完善产学研合作联盟，加强高等学校与企业、科研院所的接触和交流合作，吸收和借鉴他们的知识产权转化实践经验，合作完成高等学校科研成果的知识产权转化过程；有针对性地进行外部市场的技术和知识需求的调查分析，为高等学校科技成果和社科成果的转化提供参考和借鉴，弥补高等学校对市场需求调查和认知不足的弱势。

强化高等学校知识产权转化市场导向，还可以通过建立健全知识产权转化激励机制，鼓励高等学校的科研工作者进行企业实践调查和研究。高等学校可以鼓励专业教师进行相关企业实践调研，聘用相关的企业专业技术人才，使其兼职科研等，来推动高等学校与企业的合作；根据合作方式派遣教师、学生进入相关企业内部进行科学实践，了解相关企业的技术需求、市场动态，使高等学校科研工作理论和实践紧密结合。

高等学校还可以通过鼓励科研工作者申请相关企业横向课题，来推动去企业的合作交流。高等学校对纵向课题的研究成果相对比较丰富，通过政府资助的科研项目研究数量相对多，但是对于来源于相关企业的横向课题研究较少。高等学校提高科研成果知识产权转化的重要途径，就是与相关企业合作开展研究。这样针对企业实际问题开展科学研究，有助于了解企业和外部市场的需求和动向，有针对性地开展科研成果和知识产权转化，共同开展科学研究，共同享受知识产权的收益，实现高等学校和企业合作共赢的局面，增强高等学校科研项目的可操作性，解决企业实际问题，推动高等学校知识产权转化的持续、健康、稳定发展。

3. 完善高等学校知识产权转化制度体系

高等学校知识产权转化制度体系的提升和完善，对于高等学校知识产权转化具有重要的指导和约束作用，对于各种知识产权转化的措施顺利实施，起到关键的指导作用。完善高等学校知识产权转化制度体系建设，首先需要建立健全产学研合作体制，增强高等学校与企业合作的宏观调控力度，通过高等学校制定的各项优惠措施，增强产学研联盟的多项交流合作。高等学校需要完善职务和非职务的科研成果的利益分配问题，避免高等学校科研成果的知识产权流失。

高等学校还需要完善相关运营管理体制，对高等学校知识产权转化经手的各个职能部门的职责权限进行明确界定，并将知识产权转化的相关法律、法规完善到高等学校自身的知识产权转化制度体系中去，让高等学校负责知识产权转化的管理者，有全面的制度体系可以执行，避免造成无章可依的局面，影响高等学校知识产权转化的进度。

高等学校知识产权工作的重点，不仅仅是科研成果的数量，而是应对科研成果的质量水平和转化效率的相关规章制度进行合理优化和设计，采取有针对性的措施和方法，侧重高等学校科技成果和社科成果等知识产权成果转化的管理、组织和协调工作，因此，高等学校知识产权转化制度的完善需要针对这些方面进行细化和完善。

高等学校知识产权转化制度的完善，还需要从激励制度、科研成果评价体系等方面进行修改和完善。高等学校科研工作者对知识产权成果转化的意识淡薄，主要是相关激励制度和科研成果评价体系等不完善造成的。原有的高等学校管理体制，增加了高等学校科研工作者的科研压力，造成科研工作者急于发表学术论文成果，而不是将理论成果运用到实践中。完善知识产权转化激励机制和相关科研评价体系，需要根据其转化的受益主体，实现高等学校、学院和成果创造者的三级分配。鼓励高等学校对知识产权成果进行专利申请和授权，并将高等学校的科研绩效考核与其深度转化相结合，设立相关标准和奖励政策，鼓励各类人员积极进行成果转化，增强他们的主动性和热情，保障科研工作者的劳动成果价值。

4. 培养和引进高等学校知识产权转化的专业技术人才

高等学校知识产权的转化需要专业的运营和管理人才，才能有效保障其成果转化为生产力。教育和培养具有综合素质和能力的知识产权转化人才，是推动其转化的核心任务。高等学校设置专业的岗位负责科技成果和社科成果的知识产权转化，就需要大量的知识产权转化专业技术人才，要积极引进具备优秀素质、法律、市场观察力和谈判能力的优秀人才。

首先，高等学校需要加强知识产权转化的相关课程教育和培训，组织知识产权相关部门和管理职员进行科学系统的知识产权转化培训，让高等学校相关的工作者了解和熟悉知识产权转化的相关政策和法律法规。同时，还需要加强高等学校管理人员与企业的沟通和交流，推动高等学校相关部门与企业、市场的接触和对接。高等学校可以通过增加设置知识产权转化相关的各类教学课程，建立完善的课程教学大纲和培养方案，并积极与企业合作，建设高等学校知识产权转化人才实践基地，培养具有高水平和高素质的专业技术人才，提升高等学校科技成果和社科成果的转化流程操作能力。

同时，高等学校还需要进一步优化知识产权转化运行的服务队伍培养与建设，并合理配置相关资源。知识产权转化运用过程相对复杂，需要涉及成果评估、法律法规、投资融资、担保及信用评价等不同领域的人才。高等学校要想完成各个学科科研成果的大规模转化，就需要大量的专业领域人才共同完成多元化的知识产权转化综合服务，高等学校可以通过学校内部培养、中介组织机构合作、相关企业合作等多种培养教育模式，培养和吸收大量的知识产权转化专业人才，打造一个专业化的、合理的转化服务队伍，推动其建设工作。通过大量的高素质人才来创造转化的良好氛围和文化机制，鼓励教师职工、大学生、行政管理人员进行高等学校知识产权转化，全面推动高等学校知识产权转化体系建设，为科研成果知识产权转化提供丰富的人力资源支持和保障。

2.3 高等学校知识产权保护

2.3.1 高等学校知识产权保护的内涵

高等学校知识产权保护是指对学校科研活动成果、专利、商标、著作权、技术秘密等，通过各种措施方法进行安全保护，维护他们的基本权利。高等学校作为知识生产、创新主体，对知识产权全面保护具有重要的主体责任和义务。同时，高等学校知识产权保护的任务和内容也非常丰富。

从知识产权范围来看，高等学校知识产权保护，几乎涵盖各个行业，是对科技成果、商标、著作权及其邻接权、各种标识和相关服务标记等知识产权进行全方位的保护和维护。

从高等学校的工作职能来看，高等学校知识产权保护，是高等学校保障工作的核心内容之一，各类项目的科研成果都是高等学校保护的重点对象。科技项目研究产生的科研成果，是高等学校知识产权保护的重要对象。从产权性质方面来看，高等学校知识产权保护，是对高等学校科研工作者的脑力活动产生的科研成果所给予的法律权利保护，也是对赋予高等学校独立支配权的保护，是对无形产权的保护。

从高等学校与相关企业的差异来看，两者的知识产权内涵有所差别，高等学校的保护主要是对技术创新、计划设计、成果转移、人才培养等多方面内容进行保护。从国家战略层面来看，高等学校知识产权的保护工作，是执行国家相关战略的基础部分，两者密切相关。

高等学校保护工作的核心内容是：深入落实和实施各级政府的相关政策法规，完善高等学校知识产权保护体制和管理制度；采取各种类型的宣传推广活动，积极宣传和推广保护的法律知识，加大培训和教育力度，提供全方位的保护工作；加强高等学校成果的研发、试验、授权、转让等工作的流程和程序，协调解决内部知识产权的争议和纠纷，积极推动与不同主体的交流合作，积极促进和规范管理高等学校科技成果和智力成果开发、使用和转让，组织开展本校有关知识产权保护工作的国际交流与合作，对高等学校注册商标、校标和服务标记、成果产品、技术秘密进行全方位保护。

高等学校知识产权保护，主要具有复杂性和综合性的特点，其科研成果大多是在不同专业领域和学科知识的基础上形成的。因此，科研成果本身就具有复杂多样的特点。跨专业学科产生的科研成果，使得知识产权保护环境和转化机制变得复杂多变，知识产权的转化流程就会复杂烦琐。高等学校的知识产权类型较多，知识产权的创立、备案、转化和管理过程相对复杂，涉及的范围较为广泛，高等学校的知识产权管理机构需要专业的熟悉管理、法律、转化流程的综合型人才，能较好地识别和分析知识产权成果的背景、学科和发展前沿动态，以便对其进行全面的保护。因而，高等学校知识产权保护具有复杂多样、综合性较强等鲜明特征。

2.3.2　高等学校知识产权保护的重要性

随着我国国家知识产权和创新驱动发展战略的深入落实和在各个地区的进一步开展，高等学校知识产权保护的重要程度日益增强，高等学校作为知识成果产生的主要主体，对知识产权保护工作的建设和发展起到了难以替代的推动作用，其知识产权的类型较多，知识产权保护又具有复杂性和综合性等特点，因此，高等学校知识产权保护，对促进国家知识产权建设具有积极意义，其发挥的作用和重要程度不言而喻。

高等学校知识产权保护的重要作用和意义表现如下：

第一，高等学校知识产权的保护对提高高等学校科研人员技术创新的热情、推动科学技术进步具有重要意义。知识产权保护措施的健全，有利于让高等学校科研工作者释放压力，全身心地投入科研成果的创新创造过程中去，有利于产生更加丰富的科研成果，进而实现人才培养和科技进步的有机结合。

第二，高等学校知识产权的保护，有利于激发国家科技创新的潜力，解放生产力，建立经济和科技的桥梁，促进科技进步和经济增长双重发展。高等学校知识产权保护能够建设稳定的科技创新环境，同时，带来经济的高质量增长和科学技术的飞速发展。

　　第三，高等学校知识产权保护，对提升高等学校建设水平、增加无形资产、推动其持续发展具有重要意义。通过激发高等学校的创新、创造热情和营造文化氛围，增强权益保护意识和素养，提升高等学校科研工作者的实践操作技巧和能力，对高等学校优势资源合理分配与协调和促进创新、创业发展都具有良好的推动作用。

　　高等学校知识产权保护非常必要，学者们对高等学校知识产权保护的必要性进行了深入的研究和探讨，取得了丰硕的成果。高等学校知识产权保护的必要性主要体现在以下几个方面。

　　第一，从高等学校知识产权保护和全面发展的关系来看，科学有效的保护制度和管理措施，对建设创新型和研究型高等学校至关重要，有利于带动高等学校持续发展。

　　第二，从高等学校知识产权保护面临的难题来看，其知识产权保护工作的开展受到人才、制度、内外部环境等各个方面的挑战，维护高等学校知识产权权利已经刻不容缓，只有全面地维护科研工作者的辛勤成果，才能保障高等学校发展的稳定性和全面性，激发并带动他们的研发热情和积极态度。

　　第三，从高等学校知识产权人才培养和流动视角来看，高等学校如何妥善处理高水平专业人才的流动和保护问题，如何实现各方利益平衡、保障科研工作者的基本知识产权，是高等学校面临的重要难题。

　　第四，从科技创新中观层面来看，创新质量和速度，都与知识产权保护机制建设密切相关，保护的措施与政策对以科技创新带动社会技术进步，具有不可替代的作用，因而学校知识产权保护工作的开展和落实非常重要。

　　第五，从国家发展宏观战略层面来看，高等学校知识产权保护，是国家知识产权体系建设和完善的关键内容，对推动技术创新发挥着中流砥柱的作用。只有保持更好的知识产权保护力度，才能以点带面，促进区域知识产权的持续发展，进而实现国家宏观战略的发展。

2.3.3　高等学校知识产权保护的问题分析

1. 高等学校知识产权保护意识不足

高等学校的科研工作者，都是针对不同学科的研究对象，在不同研究领域进行科学研究，对专业技能和专业知识掌握较多，但是对知识产权相关领域和管理制度的认识和了解匮乏。我国的高等学校师生的保护观念也相对不足，他们关注的重点内容是有无良好的科研成果，而对科研成果形成的知识产权并不关注。究其根本原因，主要来源于科研压力和经济压力，导致高等学校从事科研的人员，急于完成课题申请和课题结项、发表学术论文、评优评先等任务。高等学校科研工作者的思维惯性停留在科研成果上，而忽视了个人知识产权权益的维护。

高等学校不是独立的主体，而是与经济社会发展和市场联系密切的主体，高等学校的竞争压力相对较大，大量的科研成果是衡量高等学校水平的重要体现，重视成果数量而忽略成果的保密工作，知识产权保护意识就会淡薄。高等学校的科研成果大多数在学术期刊发表、图书出版社出版，而科研的本身也需要立足于现有的研究成果和理论文献，因而高等学校的科研工作者在科研活动中就会出现重复研究、窃取成果等现象，侵犯其他个人和高等学校的知识产权。

高等学校科研工作者对知识产权内涵、范围和法律了解不足，对知识产权归属的界定也难以清晰分辨，而科研又需要大量的人员和团队共同承担，知识产权保护意识淡薄，就会产生知识产权纠纷问题。

高等学校大学生对知识产权的途径、专利、使用权等的认识与学校的科研工作者相比更加不足，在科研知识产权中，处于更加不利的地位。高等学校的管理人员对知识产权的认识、专利分析也了解不多，导致高等学校的知识产权保护整体环境缺失。高等学校将工作重心主要放在教育和科研成果产出上，缺乏对知识产权保护的宣传力度和讲解，使得高等学校科研人员对知识产权的认识停留在表层，对各种法律条例都是一知半解，也就是对知识产权权益保护漠不关心。高等学校的知识产权环境，使得大部分高等学校工作者淡化了保护意识，使得高等学校知识产权利益受到损失。高等学校知识产权保护意识的淡薄，成为限制其发展的重要因素。

2. 高等学校知识产权流失较为严重

随着经济社会的发展，科学研究成果的学术和商业价值不断增强。高等学校与企业的横向合作越来越多，高等学校人才的竞争和流动，也相对激烈和频繁，高等学校的知识产权流失现象就会发生，高等学校知识产权的权益就会受到损害。

科研成果的知识产权是高等学校的重要资产。如果科研成果的开发环节没有明确好归属关系的话，就会产生严重的产权纠纷，还会导致知识产权的流失。科研项目中对科研成果的知识产权归属界定并不清晰，高等学校知识产权流失与高等学校科研工作者的流动和转移有密切关系。

由于科研项目主要由高等学校教师和学生、相关企业技术人员参与，因此项目科研成果的归属难以区分，科研成果容易出现私自转让的现象。高等学校科研工作者知识产权保护的意识普遍较低，对知识产权的归属认识不足，容易出现与校外的合作企业签订转让合同、进行科研成果交易等行为，在与相关企业签订合同的过程中，往往忽视了高等学校知识产权的经济权利和保护责任，签订了相对不平等的知识产权条款，导致高等学校知识产权流失。

高等学校专业领域人才流失相对普遍。高等学校科研工作者承担的各种科研项目都属于其职务行为、项目的知识产权成果。根据相关规定，一般归属在高等学校。但是高等学校科研工作者，由于个人和社会原因出现人员流动，高等学校的知识产权，没有明确规定或出现疏忽的情况，就会造成大量的知识产权损失。高等学校的教师和科研管理者在外办理企业过程中，也会存在知识产权流失的现象。高等学校科研工作者，在缺乏知识产权完善制度约束的情况下跳槽、调动、退休，也会带走相关科研成果和信息，造成科研技术和社科成果泄密，导致高等学校权益受损。

同时，高等学校人员为了个人利益，可能会借用学校的社会名誉、社会地位、综合实力和教育质量等内容，擅自运用高等学校独立的商标，推广其产品、成果、技术，也会造成高等学校知识产权的流失。科研工作者的知识产权成果流失，会对学校造成巨大的损失，也会影响各项任务的建设工作，因而，如何维护高等学校的知识产权对其发展具有重要意义。

3. 高等学校知识产权保护制度不健全

国内高等学校的知识产权保护的建设相对较晚，还有许多高等学校的知识产权保护制度还不健全，管理者的经验和技能也很缺乏。因此，在相关制度的实施过程期间，也会经常出现知识产权保护的主体混乱、管理权责不清晰等问题，使得知识产权保护缺乏全面的制度保障，因此，高等学校知识产权保护发展受限制的根本原因是保护制度的不完善。现行高等学校的知识产权管理制度，基本上都是高等学校根据其区域发展需求和社会需要而协商建立的，专业性、严密性、全面性和可操作性都有待进一步提高，对法律、法规条例也没有达到全面覆盖，导致部分高等学校知识产权保护工作难以全面地开展。

高等学校知识产权保护不健全，主要体现在申请、保护、归属等各个层面，由于缺乏严格的管理机制，直接导致知识产权保护工作没有具体执行的依据和方法，各种知识产权纠纷经常出现，知识产权流失严重，管理上的漏洞和不足使得各项知识产权权益得不到有效的保护。

近年来，国内大部分高等学校都缺乏专门组织管理机构开展相关工作，导致高等学校知识产权受到侵害时，无法及时有效地采取措施，弥补错误。同时，许多高等学校的知识产权运营管理，一般都是由高等学校的相关行政部门负责，由多个不同性质的组织机构共同管理，相关的组织机构相互之间没有明确的管理界限，流程相对复杂。组织机构大部分是依托有关部门，缺乏专员专事处理，管理制度大多数是根据本部门的简单内容执行，缺乏一体化的运营制度和管理流程。大多数运营管理都是简单的知识产权登记、鉴定和报奖，高等学校内的知识产权管理者也没有丰富的管理经验和实践经历，他们的知识产权保护思路，很难有效地应对各种知识产权问题和纠纷，遇到知识产权问题时相互推卸责任，没有全面的制度依据管理和执行，使得知识产权流程复杂烦琐，周期相对较长，导致高等学校知识产生效率普遍较低。

高等学校的管理者普遍缺乏知识产权保护的法律意识和专业技能，在制度上也缺乏宣传、学习、实践等知识产权相关内容的完善，知识产权权益的保护更加缺乏有效的监督和控制，容易出现管理混乱的现象，影响工作效率和进展。因此，完善知识产权保护的文件条例就显得至关重要。

4. 知识产权保护专业人才匮乏

由于我国的国家教育体系不完善、实践培训不全面、课程设置不合理等多方面因素的影响，高等学校知识产权的教育培训工作开展相对缓慢，对应的特殊专业人才也就无法满足社会发展需求。高等学校作为培养和教育人才的主要基地，其知识产权保护的建设工作需要的人才数量更多，因此知识产权运营管理的人才缺口较大。高等学校知识产权建设缺乏专业的知识产权人才，我国高等学校的知识产权建设需要大量的具备专业知识素养、熟悉法律法规、拥有大量经验和技巧的特色人才，对高等学校产权保护提供专业的指导和建议，推动相关工作的开展和任务的有序执行。

知识产权的保护需要具有不同学科领域的知识储备、解决问题能力的人才，对高等学校产出的科研成果进行全面的保护，解决侵权或纠纷问题。高等学校知识产权的宣传和教育工作，也需要资深的人才专家协助，开展讲解分析等各类活动。当然，也需要专业的人才进行制度的制定、修改和运行。因而，高等学校知识产权保护的建设工作所需要的人才数量较大。但是，由于高等学校人才的竞争环境相对激烈，大部分高等学校缺乏专业的知识产权人才。

知识产权人才的培养和教育相关体制的不完善，也是影响高等学校人才匮乏的重要因素。我国开设知识产权课程的高等学校数量相对较少，培养的知识产权人才大多数只是具备基础知识结构和技能。高等学校的知识产权法等相关课程，只是设立在经济学和法学相关专业门类中，在自然科学中课程相对较少，导致熟悉专业的人才相对匮乏。

同时，我国对于高等学校管理人员、教师和学生缺乏全面的知识产权教育培训体系，相关专业的人才缺乏知识产权保护的相关实践经验和经历，对不同领域知识产权的界定、申请、保护、归属问题缺乏专业的认知和评估，导致在实践过程中出现各种困难。大部分高等学校未清晰地了解教育工作所发挥的不可替代的作用，教育水平严重滞后，也就导致知识产权专业人才数量较少，无法满足高等学校发展的人才需求，导致大部分知识产权保护的教育、管理发展较慢。因此，知识产权的专业人才匮乏，迟缓了高等学校相关知识产权保护工作的开展和实施。

2.3.4　高等学校知识产权保护的建议对策

1. 增强高等学校知识产权保护意识和素质

增强我国的高等学校知识产权保护意识是知识产权保护工作的首要任务。高等学校需要对包括高等学校的领导层、中层管理者、全体教职工和大学生开展相关的知识产权保护教育和宣传工作，通过长期的教学和培训，来增强高等学校的知识产权维权意识和素养。

首先，高等学校需要重视和提高领导和中高层管理者的知识产权保护意识和素质，决策层的人员具备了知识产权保护意识，才能在宏观层面进行知识产权的规划、制定和调整。管理层需要定期在高等学校举办座谈会、相关内容专题讲座、保护经验交流会等活动，鼓励高等学校各级人员积极参加，从主观意识上强化观念，才能将保护工作落地，落实到高等学校各个层级和部门。

针对基层工作者和学生，高等学校需要完善知识产权保护制度来增强其保护观念。通过定期或非定期组织高等学校基层员工法律宣讲会等方式，积极组织知识产权保护文化主体活动等，使大家充分了解知识成果侵害问题的严重性，分清职务和非职务发明的区别和联系，避免更多的权益流失。只有让内部各个层级的人员了解到知识产权保护的意义，才能有效提高知识产权保护意识和素质。

知识产权保护的意识和素质的提高是相对复杂的过程，只有营造出浓厚的文化氛围和创设出全面的管理体系，才能有效地覆盖高等学校各级人员，增强保护观念。环境因素至关重要。因此，高等学校通过发放宣传手册、定期更换知识产权保护宣传栏、印发知识产权保护专题报纸、进行互联网社交平台宣传等方式，营造一个强烈的知识产权保护环境氛围，使得每一个高等学校科研工作者和管理人员清晰地了解知识产权保护工作的重要意义，真正从意识上清楚权益侵害的后果，这样学校才能从思想上和行动上改变全体人员的观念。因此，推动高等学校知识产权保护必须从全体工作者自身和外部环境出发，形成一个完善的文化体制，才能有效增强保护观念。

2. 设立并完善高等学校知识产权保护专业机构

我国的高等学校知识产权管理部门的建设工作，目前还处在初级探索阶段。大部分高等学校虽然设立专门的知识产权管理办公室或挂靠的相关机构，但是，由于知识产权保护经验不足，知识产权管理相关这种机构的专业化程度还有待提高。高等学校的大部分知识产权保护与人事、科研、国有资产管理、财务部门等都有紧密的关系。知识产权的保护流程相对复杂，这在无形之中增加了保护的难度。

高等学校可以将各个部门的部分职能划分到知识产权管理部门，通过专业的管理模式完成权益保护一体化流程。通过专业的知识产权组织机构，来推动保护工作的开展，有益于增强高等学校知识产权保护的水平。高等学校将不同部门的管理职能集合，产生新的全面的保护职能，负责协调各个办公室的管理工作，以便为高等学校科研人员的知识产权保护进行指导，避免高等学校工作者反复来往于各部门之间，浪费工作时间。

我国的高等学校还可以按照知识产权发展需求，根据学校的科研项目、资金储备和人员编制等基础情况，设立专门的知识产权保护科室和办公室，如专利或著作管理科、知识产权评估科等独立的机构，或者成立动态的科研成果知识产权管理小组，负责不同领域的知识产权专项保护，通过动态的和集中的知识产权保护组织机构，来灵活、便捷地对知识产权进行运营、管理和保护，避免出现高等学校知识产权各部门权责不清等问题，影响知识产权保护的效果。

当前，高等学校的知识产权管理机构还缺乏实践经验。因此，高等学校可以通过产学研联盟与企业、政府建立相关合作机制，通过企业和政府相关知识产权保护经验交流，来为高等学校知识产权保护提供参考和建议，同时也可以聘请知识产权保护的第三方机构短期入住到高等学校，对知识产权专项进行合理评估和分析，确保其保护的质量和效果。

所以，高等学校可以根据自己实际发展情况设立相关机构、科室、办公室、小组来负责高等学校知识产权的保护工作，这些组织机构兼顾动态性、便捷性、专业性、全面性等特点，有利于对不同学科领域的知识产权问题进行分析，保护其正常所属权利。因此，针对我国目前高等学校知识产权运营管理的现状，可以适当设立相关专业组织结构，来加强对内部科研成果的保护和维权，进而推动高等学校知识产权的建设和发展。

3. 建立健全高等学校知识产权保护体系

高等学校知识产权的保护范围相对较广，保护的内容也相对较多，专利、著作权、商标权、服务标记等内容都需要完善的保护体系来保障。目前，相对普遍实用的办法，是建立健全知识产权保证书制度条例。我国高等学校产权保护的关键因素就是归属问题。因此，首先要建立健全知识产权保证书制度。这一制度要求任何与高等学校进行知识产权合作的负责人，在跟高等学校开展合作过程中，事先充分认识和熟悉高等学校知识产权保护的相关条例，与其签订相关协议，明确知识产权归属问题，进而开展进一步的合作，这样有利于保障高等学校科研工作者的知识产权成果。

同时，还需要规范知识产权相关合作签订的细则，学校与科研管理者需要签署相关协议，明确科研成果的知识产权关系，对科研项目的性质、研究经费、学校资源使用情况、学科发展作用有明确的解释，避免学校的知识产权流失。因此，可以通过知识产权保证书、协议等措施来完善保护体系，明确权责关系，加强高等学校知识产权的维权意识。

建立健全知识产权保护体系，还需要完善的知识产权保护条例规定才能对其产生较强的约束力。高等学校科研成果归属和奖励制度不完善，使得高等学校科研工作者的积极性较差，对知识产权的保护意识不足。高等学校知识产权保护的立法制度、司法保护水平、执行力度都存在不足，相关制度条例还存在重大的漏洞。因此，需要从这些方面对体系加以完善。高等学校知识产权的管理工作者对法律法规还存在认识和理解不足的问题，无法全面地指导和承担相关权益的保护工作任务，制度的执行缺乏科学的依据和管理措施，因此，对知识产权纠纷问题难以识别和解决。

所以，高等学校知识产权制度，还需要从知识产权保护的法律法规和执行强度上对内部工作者进行严格约束和管理。同时，高等学校还需要增强文化制度建设力度，制定相关制度来定期完成宣传和教育任务，通过制度来推动知识产权保护的环境氛围和文化底蕴，进而增强高等学校科研工作者的知识产权保护意识和素养，推动高等学校知识产权的发展。

4. 培养并引进高等学校知识产权保护专业型和复合型人才

知识产权的纠纷和侵权问题经常出现，主要还是由于高等学校产权保护人才队伍的缺失。知识产权工作需要专人专项负责，必须有经过专业培训的人才才能有效地维护高等学校权益。高等学校知识产权保护的人才培养的目标，是专业型和复合型人才，专业型人才针对不同学科领域的专业问题进行识别和分析，进而提供产权保护措施。复合型人才需要对高等学校知识产权保护的全部流程相对熟悉，以便提供知识产权一体化服务和咨询建议。

因此，我国高等学校知识产权保护人才的培养，不能仅仅局限于知识产权理论领域的人才，还需要具备不同学科的知识储备和管理技巧。高等学校应当将知识产权课程设置为必修的基础课程，让不同学科领域的高等学校的科研工作者，具有处理相关知识产权保护问题的能力。同时，针对知识产权保护的基础应用和法律问题，也需要培养其基础素养和专业能力，以便提供全方位的权利维护。

高等学校知识产权保护工作人才的培养教育，不能仅仅局限在理论学习的过程中，还需要进行实践研究。高等学校知识产权保护，经手的管理者相对较多，可以通过组织管理者去企业、政府和法院有关部门进行学习和经验交流，进而增强高等学校管理者权益保护的应用能力和分析问题的能力，灵活运用所学的知识产权保护基础知识。

同时，高等学校还需要积极引进优秀的知识产权保护人才，通过兼职、专职和聘任等多种方式引进知识产权保护人才，开展主题教育活动、实践研究活动，来全面提高知识产权保护意识和处理知识产权保护问题的能力。高等学校还可以定期对知识产权保护学习者进行考核，对高等学校相关部门管理者的知识产权保护素质和能力进行定期考核，对各个部门的知识产权人才进行合理配置，确保相关部门的人力资源储备完善，进而构建全面的知识产权教育体系，加强人才的培养和储备，增强高等学校内部知识产权保护水平，推动知识产权建设和发展。

2.4　本章小结

本章通过对高等学校知识产权发展过程中的转化和保护等内容进行描述分析，为高等学校的知识产权转化和保护提供理论指导和实践建议。

首先，本章对知识产权的概念、特征、类型进行了分析和诠释，为高等学校知识产权内容的解释界定，奠定了相应的理论基础。接着，本章对高等学校知识产权转化的内涵、特征、模式和存在的问题进行了诠释和分析，并进一步提出我国高等学校知识产权转化的一般模式，主要包括高等学校知识产权职能部门转化模式、高等学校知识产权信息服务中心转化模式、高等学校衍生企业转化模式以及政府、企业和高等学校合作转化模式。

我国的高等学校在知识产权转化进程中，存在着知识产权保护的理念、市场需求分析、制度和人才等方面的问题。因此，建议采取加强高等学校知识产权保护的理念建设、强化外部市场导向、完善制度体系、培养和引进专业人才等提升高等学校知识产权转化效率的举措。

本章从高等学校知识产权保护的概念、任务和特点对其内涵进行了诠释和分析，进一步从知识产权保护的作用和必要程度，来强调其价值和战略意义。通过分析发现，高等学校内部普遍存在着知识产权保护意识淡薄、产权流失严重、保护体系漏洞多、人才匮乏等诸多问题。

由此，对应地提出了要增强知识产权的保护观念和素质、设立专业组织机构、完善保护体系、引进和培养复合型知识产权保护的人才队伍等对策和建议，为我国高等学校知识保护提供建议参考，以期促进高等学校知识产权保护工作的全面、健康发展。

第 3 章

高等学校知识产权运营管理

3.1 国内外高等学校知识产权运营管理对比研究

在知识产权运营管理上，国外的理论研究与实践时间比较长，取得了许多成功的方法与经验。代表性的国家，如美国和英国等最早开始进行了知识产权的运营管理实践。目前，已经形成了成熟的知识产权运营管理机制。日本通过后期学习美国的实践经验与方法，在知识产权运营管理上，也取得了很大的进步和发展。

与国外相比，我国的知识产权运营管理发展的时间还较短，在吸收国外成功知识产权运营管理经验的基础上，也取得了一些实践的经验和成绩。通过对比分析国内外高等学校在知识产权运营管理过程中的实践情况，我们发现，国内外高等学校在知识产权运营管理的实践路径、运行机制、管理制度等方面，存在诸多不同之处，主要表现在国内外高等学校知识产权的运营管理机构、运营管理模式、运营管理制度、运营管理过程和运营管理的人才队伍特点方面。

3.1.1　国内外高等学校知识产权运营管理机构特点

1. 国外高等学校知识产权运营管理机构常见模式

（1）知识产权运营管理的内设机构模式

美国技术转移办公室（Office of Technology Licensing，OTL）是一种运营管理的内设组织机构模式，主要是通过将高等学校内的知识产权与科技成果转移到市场，然后将获得的知识产权收益，再投入和应用到校内科学研究的一种知识产权运营管理模式。

知识产权转移办公室，是美国的运营管理内设机构模式。其主要代表是由具有世界影响力的斯坦福大学设置的知识产权的技术转移办公室。知识产权的技术转移办公室设置有多个部门，包括对知识产权价值进行评价的研发部、对知识产权进行申请的服务部等部门。知识产权的技术转移办公室除了根据国家出台的法律法规开展运行，还制定了与高等学校自身特点相关的制度，以更好地实现知识产权与科技成果的申请、保护和转化等多种功能。

（2）知识产权运营管理的外设机构模式

知识产权运营管理的外设机构模式指的是，学校通过在校外设置知识产权运营管理机构，为学校的知识产权运营管理服务。在英国，多数高等学校采用知识产权运营管理的外设机构模式，其中以剑桥大学为主要代表。剑桥大学通过在校外设置知识产权运营管理公司，来承担校内知识产权运营服务。知识产权公司设置有多个部门，其中包括知识产权申请、风险评估、市场分析和法律服务等部门。与知识产权运营管理的内设机构模式相比，外设机构模式提供知识产权抵押和贷款等金融服务，能更好地实现技术成果的市场化。

（3）知识产权运营管理的产学研联动模式

知识产权的产学研联动运营模式（Technology Licensing Office，TLO）是通过建立企业和高等学校之间的联系，以合同形式实现知识产权的市场化。这种知识产权的产学研联动运营管理的模式，是日本通过吸收美国的经验，结合自身特点形成的，该模式的主体既可以是学校，也可以是相关企业，具有较强的灵活性。知识产权产学研联动运营模式的典型代表，是日本东京大学建立的知识产权运营管理办公室，该机构是由三方合作建立起来的，包括知识产权的产学研合作办公室、知识产权的技术合作办公室和知识产权的资本投资办公室，实现多方的联动，从而更好地实现知识产权和技术成果的运营管理与转化。

（4）知识产权运营管理的研发投资模式

知识产权运营管理的研发投资模式（Intellectual Ventures Management，IVM）于 2000 年在美国成立，是一种承担知识产权的研究与开发、投资管理的知识产权管理模式。知识产权运营管理的研发投资模式由三支队伍构成，第一支队伍是发明队伍，由科技精英组成，负责知识产权内部的发明；第二支队伍是外部科研队伍，由多数外部科研人员组成，负责多方资源的整合；第三支队伍是购买队伍，负责知识产权的转移和收购。知识产权运营管理的研发投资模式应用十分广泛，与国内外多数高等学校建立了合作关系，为科学研究提供了充足的资金，同时能够更有效地实现知识产权的市场化。

2. 国内高等学校知识产权运营管理机构模式

（1）知识产权运营管理的科室监管模式

在国内，高等学校的知识产权运营管理模式，主要是科室监管模式，是由高等学校内下属的科技处的一个部门，对知识产权运营进行监管。国内多所高等学校目前主要采用了知识产权运营管理的科室监管模式，如河北科技大学的知识产权运营管理工作，全部由科技处的知识产权管理办公室进行管理，包括知识产权相关知识宣传与培训、知识产权申请、知识产权转移、知识产权资助和利益分配等多种任务。又如山东理工大学、南京农业大学等多所国内高等学校，由于知识产权运营管理工作处于起步阶段，学校的所有知识产权运营管理工作，主要由高等学校内设置的科研处等相关部门进行监管。

（2）知识产权运营管理的管理办公室模式

知识产权运营管理办公室模式，是国内的高等学校在科技处内设置一个办公室专门管理知识产权运营的模式。2010年，国内的重点高等学校——中南大学对知识产权运营管理的机构进行全面的调整，通过整合内部资源和职能分配，在学校的科技处下属设置一个专门负责知识产权运营管理的办公室，负责全校知识产权的申请、注册、保护和转移，知识产权相关知识的宣传，知识产权的维权，以及指导和监督学校各个部门的知识产权工作，等等。

（3）知识产权运营管理的北京大学模式

知识产权运营管理的北京大学模式，是一种比较成熟的知识产权运营管理模式，通过设置独立于学校科技处的知识产权运营管理机构，对校内全部知识产权工作进行运营管理。北京大学模式的知识产权管理机构，又称为科技开发部。由多个办公室构成，包括处理知识产权综合工作事务的综合事务办公室、处理知识产权注册登记的信息管理办公室、处理专利等知识产权的转移办公室等，负责从签署知识产权合同、科学成果推广到疑难知识产权问题的解决等工作。

北京大学模式知识产权运营管理的核心是专利等知识产权的转化，在科研项目的研究开发和实际应用中，始终以转化为出发点。一方面，科技开发部公布相关企业技术需求，为科研人员提供研究方向。另一方面，对知识产权进行详细介绍，包括市场应用、预测收益、研究阶段和合作方式等，为企业和高等学校提供合作通道，提升知识产权的转化率。

（4）知识产权运营管理的清华大学模式

知识产权运营管理的清华大学模式，是非常成熟的知识产权运营管理模式，与国外 OTL 模式十分接近。在知识产权运营管理和技术转移上，与诸如美国斯坦福大学等国外优秀名校平齐。知识产权运营管理的清华大学模式成立时间比较早，1983 年清华大学依据自身科技优势建立了科学技术开发部，十年后，清华大学的科技开发部就有 40 多名专职人员，大约三分之一的运营管理人员具备副高级以上职称，这种高质量人才配备，在国内高等学校知识产权管理机构中寥寥无几。

在进一步的知识产权运营管理发展过程中，清华大学建立了实力更强的知识产权运营管理机构。由校内的多个部门组成，包括以国外知识产权运营管理项目为主导的知识产权海外项目部、以市场为主导的企业合作委员会等，被称为清华大学技术转移系。清华大学除了重视直接的专利等知识产权的成果转移外，还特别重视与各部门的合作。因此，清华大学在专利等知识产权的技术合作与运营上建立了四种模式，分别是知识产权的产学研合作办公室、知识产权的合作开发机构、知识产权的联合基金、知识产权的校企四方合作。

3.1.2　国内外高等学校知识产权运营管理制度特点

1. 国外高等学校知识产权运营管理制度

国外的高等学校，在知识产权运营管理制度建设方面进行了长期的探索和实践，做出了重大的贡献。在 20 世纪 50 年代，美国制定了一项知识产权归属制度，这一制度的通过，对于知识产权运营管理工作起到了重大的推动作用，甚至给世界知识产权运营管理工作带来了重大的影响，这是一项有重大意义的知识产权法案。

同时，欧洲的知识产权运营管理制度，也具有很重要的地位，如德国的马普尔协会，该协会规定其下属知识产权运营管理公司，在承担国家知识产权运营管理项目时，其权益属于协会，但如果未进行预先的说明，则知识产权的所有权则属于研究人员。

2. 国内高等学校知识产权运营管理制度

在国内高等学校知识产权运营管理工作中，我国高等学校也逐渐清楚地认识到，知识产权运营管理的规章制度是基础，是知识产权运营管理软实力水平的体现。我国高等学校在国家法律、法规规定的基础上，依据自身特点和技术优势，建立符合自身发展的具有明确性、可执行性、科学性等特点的规章制度。

国内高等学校知识产权运营管理制度多种多样，概括地讲，主要包括如下几方面：专利权、著作权规章，知识产权保护、转移、管理规章，标志规章，知识产权教育规章，等等。

3.1.3　国内外高等学校知识产权运营管理过程特点

1. 国外高等学校知识产权运营管理过程特点

国外高等学校在知识产权运营管理过程中，各自具有不同的特点。如德国的马普尔协会，在知识产权运营管理过程中，首先由知识产权的发明人员与相关企业进行电话联系，介绍专利等知识产权成果的相关信息；然后相关的企业根据自身意愿，再与马普尔协会进行联系，如果相关企业对此专利等知识产权有意向进行技术转移，则协会会对该专利等知识产权进行申请，如果企业不同意此专利，协会会充分保护发明人的隐私。同时，协会会根据发明人是否同意申请专利等知识产权成果的意愿，主动为发明人寻找相关的公司，以实现专利等知识产权成果的市场价值和社会价值。

2. 国内高等学校知识产权运营管理过程特点

国内高等学校在知识产权运营管理工作中，主要涉及以下四个阶段：项目申请阶段、权益归属阶段、项目验收阶段和成果转化阶段。

首先，在项目申请阶段，研究人员应按照项目申请要求和条件进行申请，在写申请书的过程中，要对此项目的可行性进行论证。

其次，在权益归属阶段，根据项目特性进行知识产权的权益划分。横向项目的知识产权权益，归属由合同双方的约定决定。纵向项目的知识产权权益归属，如无特殊说明则归属承担单位所有，如果处于特殊情况，则国家保留此项目知识产权成果的无偿使用和知识产权的收益权。

再次，在项目验收阶段，根据项目成果的完成情况，决定项目的验收和专利成果的申请等工作，并对科研成果进行登记。

最后，在成果转化阶段，管理机构人员要与研究人员进行充分沟通，在研究人员之间形成强烈的知识产权保护意识，确保知识产权的保密性。

3.1.4 国内外高等学校知识产权运营管理人才队伍建设特点

1. 国外高等学校知识产权运营管理人才队伍建设特点

国外高等学校知识产权运营管理工作的成功，离不开高素质的人才队伍。通常，知识产权运营管理机构中的人才队伍，由在各个领域具备丰富经验的专业人员组成，包括拥有丰富知识产权运营管理经验的人员、知识产权法律知识的人员、丰富企业管理经验的人员和知识产权转移经验的人员等。同时，高等学校知识产权运营管理机构的管理人员，是熟悉多领域知识的复合型人才，这些运营管理人员都是经过严格规范训练的。

2. 国内高等学校知识产权运营管理人才队伍建设特点

在国内高等学校知识产权运营管理工作中，一个非常突出的问题，就是严重缺乏知识产权运营管理的人才。国内的高等学校，在进行知识产权教育工作中，大多数把重点放在了法律知识的教育、教学上。这虽然与高等学校遭遇知识产权纠纷有关，但是缺乏对知识产权保护、运营管理等实际技能的教育教学，不能有效地推动知识产权运营管理工作的持续良好运行。

因此，国内高等学校知识产权运营管理工作，应大力培养知识产权专业人才，加强知识产权运营管理人才队伍建设。

首先，培养和教育知识产权运营管理的多层次人才。虽然知识产权的法律知识教育很重要，但这仅是其中一个层面的问题。为了更好地处理知识产权运营管理工作，还需要多方面、多层次培养高素质的知识产权运营管理专业人才。

其次，培养知识产权运营管理的研究型人才。应大力培养全面型知识产权运营管理研究型人才，使其具备一定的工科基础、法律知识和经济学知识等。这类人才是高等学校知识产权运营管理发展的内在动力，是知识产权运营管理工作的核心人物。

最后，培养知识产权运营管理的实务型人才。知识产权运营管理的实务型人才，是高等学校知识产权运营管理工作中的急需人才，他们主要的工作是分析、发掘和开拓市场，处理高等学校与社会企业之间的知识产权运营管理问题。

3.2 国内外高等学校知识产权运营管理经验和启示

3.2.1 国内外高等学校知识产权运营管理经验

在高等学校知识产权运营管理方面，国内外高等学校已经有多年的运营管理实践，都积累了不少宝贵经验，以下分别就国内外高等学校知识产权运营管理经验进行分析、归纳和总结。

1. 国外高等学校知识产权运营管理的经验

国外高等学校知识产权运营管理模式主要是一体化集中管理的模式，将知识产权管理、转移和投资三方面集中统一管理。知识产权运营管理和转移由专职部门运营管理，负责信息的披露、技术的转移等工作，促进技术成果的转化。

由于投资对知识产权的技术转移起到促进作用，所以国外知识产权运营管理模式大部分都具备投资功能。通过对国外高等学校知识产权运营管理模式进行分析，发现欧洲、美国和日本高等学校具有鲜明的特征。

（1）欧洲高等学校的知识产权运营管理模式经验

全资子公司是欧洲高等学校的知识产权集中运营管理的模式，这种模式的一个显著特征就是，与高等学校和科研机构建立密切联系，在此基础上，有明确的目标和严格的规定，清晰界定各方责任，促进知识产权运营管理效率提升。欧洲马普学会和弗朗霍夫学会就是采用全资子公司的运营管理模式，在知识产权投资方面，为那些衍生企业和创业企业提供风险资金。同时，还有一种特殊的无息贷款模式——知识产权的贷款必须由知识产权转移所带来的收益支付。

（2）美国高等学校的知识产权运营管理模式经验

美国高等学校的集中运营管理模式主要有两种，分别是知识产权转移办公室（Office of Technology Transfer，OTT）和技术许可办公室（Office of Technology Licensing，OTL）。在 1980 年之前，美国大多数科研院所和高等学校，采用一种独立于企业和高等学校的知识产权运营管理的模式，这种模式的知识产权运营管理效率不高。之后，知识产权运营管理模式逐渐发展成为联系企业和高等学校的知识产权办公室和技术许可办公室，并逐渐成为标准的知识产权运营管理模式。美国 ARCH 开发中心，就是知识产权集中运营管理模式的典型例子，该中心既对知识产权进行运营管理，又促进知识产权成果实现市场转化，并为衍生公司提供资金，创设风险基金。

（3）日本高等学校的知识产权运营管理模式经验

日本高等学校在继承美国高等学校知识产权运营管理模式下，又对其进行进一步的扩充和提升，建立了知识产权转移办公室与校外投资公司相结合的新知识产权集中运营管理模式。这种知识产权运营管理模式在东京大学得到了很好的运用和发展。

2. 国内高等学校知识产权运营管理经验

相较于国外，国内高等学校知识产权运营管理实施的时间比较短，但是，在汲取了国外高等学校知识产权运营管理的优秀经验之后，国内高等学校知识产权运营管理工作也取得了一定的进步与发展。

首先，国内高等学校的知识产权运营管理制度逐渐完善。近年来，国内高等学校在知识产权运营管理方面取得了很大的进步，知识产权运营管理制度日渐完善，具体表现在以下几个方面。

一是高等学校知识产权意识开始增强。国内高等学校逐渐意识到知识产权保护和运营管理工作的重要性，设立知识产权保护的专项资金，鼓励知识产权的研究和保护。清华大学还设置了国外的知识产权申请专项基金，促进知识产权申请的国际化。同时，国内许多大学对相关商标进行申请注册，如北京大学等。知识产权管理制度、奖励机制和激励机制等日渐完善。

二是设置了独立的高等学校知识产权办公室。国内大部分高等学校知识产权管理机构都是隶属于校内科技处管理的一个部门。随着知识产权保护意识的增强，一些高等学校设置了独立的知识产权运营管理机构，如清华大学等理工类学校，都设置独立的知识产权管理办公室。

三是促进知识产权的应用和发展。一些国内高等学校与国家知识产权局进行合作，在高等学校的图书馆设置专利检索通道。一些国内高等学校与专利检索机构合作，为高等学校提供知识产权检索服务。高等学校师生在进行科学研究时，能够更方便地查询国内外优秀的专利等知识产权，促进了专利技术等知识产权的快速发展，同时能有效地防止专利等知识产权的重复开发。

其次，多样的高等学校知识产权运营方式。随着高等学校知识产权的不断发展，知识产权运营方式呈现多样化，促进知识产权的开发和完成市场转化，提高了高等学校的竞争能力和社会地位。国内高等学校知识产权运营方式主要有以下三种形式。

（1）高等学校知识产权的技术创新孵化器

国内高等学校知识产权的运营管理制度，在早期发展中存在很多不足之处，虽然产生了许多专利等知识产权，但是难以与市场真正需要的专利等知识产权的技术需求匹配，因此不能很好地完成专利等知识产权成果的转化。在之后的专利等知识产权的发展中，高等学校创立了高科技企业，并将其作为技术创新的孵化器，使其承担专利等知识产权转化的主要任务。

高等学校知识产权的技术创新孵化器是单独的部门，有自己独立的法人，有自己的知识产权项目，按照一定的规章制度运营，促进高等学校专利等知识产权技术的转化。通过知识产权的技术创新孵化器，众多创新企业产生了，一些创新企业逐渐发展壮大，如清华大学控股的清华同方股份有限公司，就是依靠孵化器逐渐发展壮大起来的集团公司。

（2）高等学校的高科技产业群

依靠知识产权的技术创新孵化器，众多科技创新成果成功完成了知识产权的转化。高等学校将自己优势学科和优秀人才与市场需求结合起来，创办了符合本校优势的高等学校的高技术产业群。如北京大学根据自身在电子、大数据等学科方面的优势，将优秀人才与学科优势结合起来，创办了符合本校优势的高等学校高技术产业群，逐步构建和完善了北京大学四大支柱产业——北京北大方正集团、北京北大资源集团、北京市北大青鸟软件系统公司和北京北大未名生物工程集团有限公司，为北京大学带来了巨大的经济与社会效益。

（3）高等学校的大学科技园区

高等学校的大学科技园区最早发展于美国。中国汲取国外成功经验，开始设立国内的大学科技园区。大学科技园区的试点工作是从1999年开始的，得到了社会各界的广泛支持。试点工作首先在以清华大学为主的十几所高等学校开始进行，截至目前有将近一百多所高等学校设立了大学科技园区，有十几批科技园区获得认定成功。

3.2.2 国内外高等学校知识产权运营管理启示

1. 强化高等学校知识产权保护意识

知识产权保护意识的不足，是许多高等学校面临的重大问题，导致知识产权流失和经济利益损失。知识产权意识保护不足主要体现在高等学校、老师和学生之间。学校没有意识到知识产权保护的重要性，没有与参与知识产权研究的老师和学生签订保密协议，导致知识产权泄露到外部市场和其他高等学校等部门。高等学校的老师与学生对知识产权意识不足，轻易地将知识产权泄露给其他人员，造成利益损失。

因此，在知识产权运营管理工作中，应从三个层面强化知识产权保护意识。首先，从高等学校领导层出发，强化高等学校领导层的知识产权保护意识，这是知识产权运营管理的宏观规划，也是知识产权发展的巨大推动力；其次，从知识产权运营管理层出发，强化运营管理层的知识产权保护意识，这是知识产权运营管理的具体实施，是知识产权发展的关键；最后，从知识产权的科研工作者出发，这是知识产权发展的直接推动者。

2. 健全高等学校知识产权运营管理组织机构

高等学校知识产权运营管理工作的良好运作，与独立的知识产权运营管理组织机构和专业人员的配备分不开。高等学校知识产权运营管理组织机构，应当具有独立性，因为该组织机构主要负责高等学校科研项目的评定、奖励和利益分配等任务，所以应当保证其在职权上的相对独立性，以防科研项目相关利益者在职权上的寻租。同时，由于知识产权运营管理是一项十分复杂的工作，涉及多个领域，所以需要配备熟悉多领域的专业人员。

3. 加大高等学校知识产权研究和运营管理投入

高等学校应当加大对专项科研基金的投入，这一类基金主要针对那些能获得巨大收益以及预期能获得巨大市场效益的专利技术。这类专利技术获得专项科研基金的方式主要采用阶段式投入，在申请和研究阶段，先支付大约三分之一的资金需求，在取得专利等知识产权授权和专利等知识产权认定之后再拨付剩下的资金。这种方式能够有效调动科研人员进行专利等知识产权申请和授权的积极性，同时，也能保护科研工作者的专利等知识产权不被他人所利用和窃取。

4. 重视高等学校知识产权运营管理人才

高等学校作为科学研究的高地，要重视科研人员的培养。首先，要重视知识产权知识的普及。对高等学校师生进行知识产权知识的教育，尤其是高等学校内的科研人员，了解知识产权管理、保护和转移等相关知识。其次，要重视对科研人员的知识产权运营管理方面的培养。深化科研人员的知识产权意识，加大知识产权相关知识的教育。

同时，要对科研人员快速获取国内外优秀专利等知识产权的方式进行培训，提高科研效率。高等学校应当重视知识产权运营管理机构专业人才的配备，可以在高等学校内培养一批懂知识产权管理、转移和市场化的人员，也可以选择聘用校外或其他机构的专业知识产权运营管理人员，以促进本校知识产权工作的良好运营。

5. 完善高等学校知识产权运营管理制度

高等学校应当完善知识产权运营管理制度，这一制度首先要符合国家法律、法规的规定，其次要在一定的科学水平上合理有序地进行，还要为高等学校科研工作带来收益，为社会经济带来发展。

高等学校知识产权运营管理，需要完善知识产权的利益分配制度、知识产权评估制度和知识产权保密制度。知识产权的利益分配主要是科研人员内部、高等学校与科研人员之间的利益分配，包括科研项目申请的资金和专利技术市场化的收益分配等。知识产权评估制度要将知识产权的质量作为评估重点，注重知识产权的市场收益和应用前景。保密制度要求对知识产权私有性的保护，在高等学校形成浓厚的知识产权保密氛围。

3.3　高等学校知识产权风险管理和运营管理

3.3.1　高等学校知识产权风险管理

高等学校发挥着传播知识、培养人才的主要作用，同时也是国家创新体系的重要组成部分。在高等学校的科技创新环境中，知识产权的风险管理是非常重要的一部分。为了应对多种风险挑战，高等学校应设置知识产权风险评估体系，建立风险管理策略，可以有效地提升高等学校知识产权运营管理能力，增强高等学校的核心竞争力。

1. 高等学校知识产权风险来源

（1）不完善的法治环境

高等学校在科技创新活动中，没有完善的法治环境，比如我国实施时间不长的知识产权保护制度，与科技创新相关的法规不够完善等，都不能为科技创新提供一个安全有序的外部环境。而且，在相关法规的实施方面，也存在诸多问题，比如一些法律、法规的实施可能会牵扯到某些方面的利益，所以法律法规实际的执行也受到影响。

（2）创新团队成员知识产权意识不足和流动性

首先，创新团队成员知识产权意识不足带来的风险。大部分科技创新人员对知识产权的风险意识不足，他们只注重知识产出的过程和结果，对于知识产权的转化和版权问题不重视。比如，一些高等学校的科研人员在获得项目科研的成果后，急于发表学术论文，而不重视知识产权的转化和授权，将一些有广阔前景的知识产权和技术成果埋没或提前公开。同时，由于他们的知识产权意识不足，科研成果流入公共区域，成了公共资源，这造成了科研人员自己利益的损失。

其次，创新团队成员的流动带来的风险。由于科技发展迅速，高素质人才的流动逐渐加快。许多经由高等学校和科研部门培养的科技创新高素质人才，在离开高等学校后，常常将在本校获得的研究资源、科研成果等带到新的工作单位，造成知识产权与科研成果的流失，或对原单位的知识产权利益造成一定的影响。

（3）科技成果交易过程

知识产权转移的影响具有双面性，既有正面影响，也有负面影响。知识产权的转移，能为所有者带来一定的经济利益，促进科学技术的发展，这是知识产权的正面影响。知识产权在转移的过程中，尤其对于那些以知识等无形物为基础的产权来说，面临着侵权隐蔽性和快捷性等多种风险。

在知识产权交易的过程中，如果高等学校科技人员对技术行业的价格体系不太熟悉，会导致知识产权利益的估值和转让的实际利益等产生损失。同时，如果一些高等学校的科技人员在交易过程中，为了谋取自己的利益最大化，可能会做出损害高等学校利益的行为。

（4）风险控制能力不足

大多数高等学校的知识产权管理机构，是隶属于高等学校科技处下属的一个部门，配备的管理人员大多数都没有知识产权风险管理的背景，对知识产权保护意识不足，在知识产权利益受到实际的侵害时也不能及时洞察制止，不能够很好地完成知识产权的转移，造成大量知识产权的闲置与流失。

2. 高等学校知识产权风险管理对策

（1）建立高等学校知识产权风险评估体系

我国的高等学校知识产权风险管理涉及多方面因素，造成知识产权的利益归属和分配等关系更为复杂，这为知识产权风险管理带来一定的难度，需要从多方面进行考虑。在风险理论的基础上，我国的高等学校知识产权风险管理在评估体系建立层面，可以将风险理论的属性应用到知识产权风险管理上，将一般问题具体化，设置风险属性的偏好选择，探寻一定的技术风险管理方法对知识产权风险进行评价，从而进行风险等级的排序。

（2）规范高等学校知识产权风险管理过程

第一，规范高等学校研究人员和科技成果的流动。首先，我国的高等学校应在开展学术交流活动前，对相关学术交流内容进行形式审查，防止知识产权遭到泄露。其次，我国的高等学校应当与校内科技人员签订保密协议，明确知识产权成果归属，防止科研人员的无意识泄露或工作变更导致知识产权的泄露。最后，我国的高等学校应当与短期科研人员签订合同，明确权利归属，防止知识产权的流失和泄露。

第二，规范高等学校科技成果交易过程。在科技创新中，一些行业领先的保密知识具有隐性化特征，在重新进行知识整合时，可能会将这些知识暴露出来，造成知识产权泄露的风险。因此，我国的高等学校需要建立一个专门的知识产权转移交易风险评估部门，规范交易过程，使过程和结果透明化，防止外部某些方面不当知识产权利益的获取。

（3）明确高等学校职务与非职务科研成果

在技术创新的活动过程中，对于一些高等学校职务和非职务成果，还没有明确的划分。我国高等学校应当在遵守国家法律规定的情况下，充分考虑多方面的利益，要制定合理的知识产权利益分配制度，保证各方利益分配公平性，调动各方的积极性。同时，对于一些在科技创新活动中做出贡献的研究人员，我国的高等学校要充分保证这些科研人员的利益不受危害，利益分配也要向他们倾斜，以回报他们的辛勤付出，促进知识产权的申请和有效转化，发挥我国的高等学校作为创新高地的主体作用。

3.3.2　高等学校知识产权运营管理

1. 高等学校知识产权运营认知

知识产权属于产权中的无形物资产，同时还是智力型的科研成果。对于知识产权来说，其具有产权的一些固有属性，具有独享权等特征。这些知识产权如果没有实现商业价值，将是我国高等学校和科研组织机构的研究成本，或者称为隐形资本。

我国的高等学校知识产权运营管理，就是综合运用多种手段，比如技术挖掘、市场化等，实现隐性知识的商业价值，最终以知识产权授权、转让、市场交易与转移等多种形式展示。我国的高等学校知识产权运营管理的生命周期，如图 3 - 1 所示。

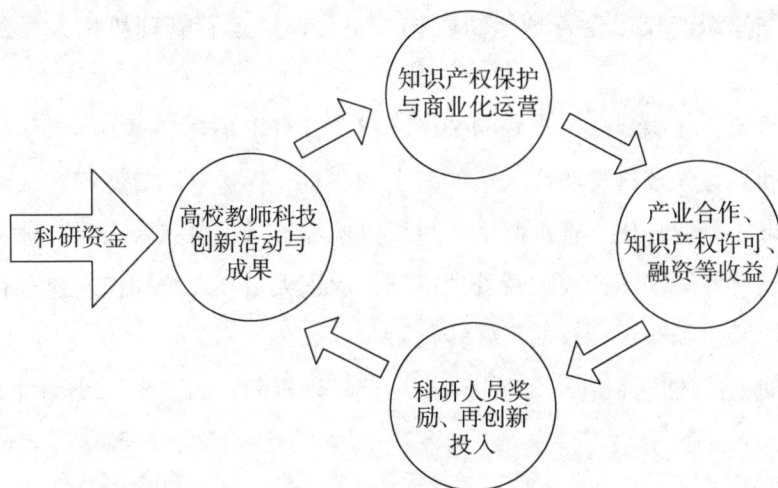

图 3-1　高等学校知识产权运营生命周期图

2. 高等学校知识产权运营机制

我国的高等学校知识产权与科技成果的转化具有特殊性，需要从两方面考虑。第一方面，国家层面。我国在国家层面上制定有关知识产权的政策时，应将以往注重知识产权的数量，转向既注重知识产权数量，更加注重知识产权质量上。

第二方面，知识产权运营机制。为了提高专利等知识产权的授权和转化率，需要制定规范、标准的商业化运营机制，以实现知识产权的潜在经济价值，促进社会经济的快速发展。

良好的知识产权运营机制，必须能促进高质量专利等知识产权的产生和高效率的专利等知识产权技术转化。因此，知识产权运营机制需要满足以下三个要求。

首先，完善的知识产权制度。保证科研人员利益分配的合理性，调动科研人员研究的积极性。

其次，独立的知识产权运营管理机构。建立一个能整合多方面信息的独立知识产权运营管理组织机构，充分调动运营管理机构人员的积极性。

最后，要构建一个良好的知识产权运营管理平台，明确国家、组织机构和高等学校科学研究人员的权利和职责，促进专利等知识产权和科技成果的有效转化。管理制度、组织机构和运营平台三者合为一体，才能构建良好的知识产权运营管理机制，促进大量高质量知识产权和科技成果的产生和知识产权的良好转化。

如上所述，高等学校知识产权运营管理机制，如图 3-2 所示。

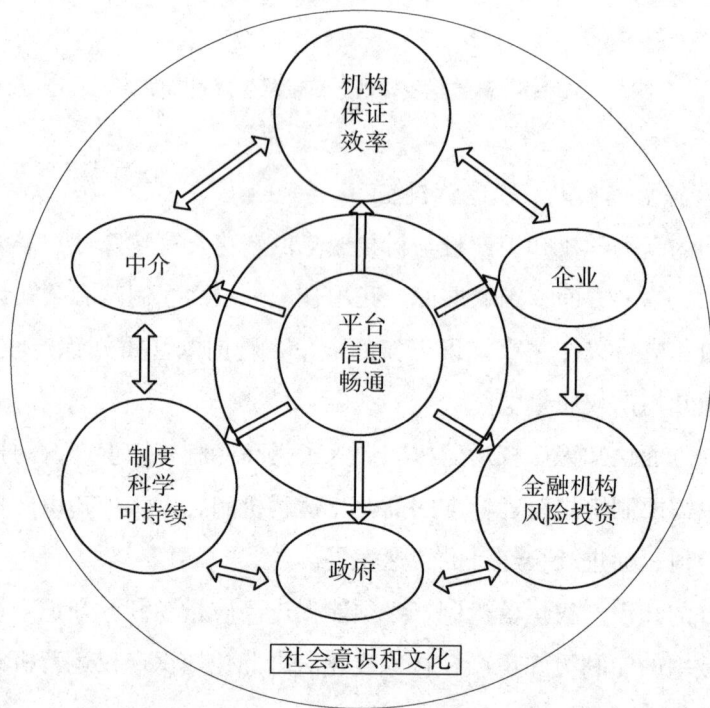

图 3-2 高等学校知识产权运营机制图

3. 高等学校知识产权运营管理价值导向

我国的高等学校知识产权运营管理价值，不仅要体现在衡量高等学校科研能力的高低上，还要体现在是否能促进各方资源的有效组合、促进社会经济的有序发展。因此，高等学校知识产权运营管理的价值导向，可以分别从国家战略、知识产权行业和高等学校这三个层面进行介绍。

（1）国家创新驱动发展战略层面的高等学校知识产权运营管理价值

在国家创新驱动的背景下，科技创新被认为是促进经济社会发展、提升综合国力的重要力量。根据国家有关战略安排，科技创新已经上升到我国的国家战略层面。而知识产权的运营管理，是科技成果实现转化的中坚力量，良好的运营管理模式能大大提高科技成果的有效转化率。因此，知识产权运营管理的情况，反映科技成果的生产和转化情况。我国知识产权申请数量在世界上已经名列前茅，但是知识产权的质量还需要进一步提升，归根结底与运营管理机制不健全有关。因而，国家已经出台相关政策，规定将知识产权运营管理作为国家知识产权管理的重点工作。高等学校作为我国的创新高地，每年产生大量的知识产权成果，是衡量我国创新能力的重要依据，是实现我国科技创新的重要力量。

（2）知识产权战略层面运营管理价值

根据相关的数据资料显示，我国高等学校专利等知识产权的转化率仅为18%，而美国高等学校专利等知识产权的转化率达80%。这是因为在美国等发达国家，知识产权运营管理等制度出台比较早，各方面的法律制度、规定、运营机制和专业人才等都已经比较完备，而在我国，知识产权运营管理工作刚刚起步，各方面的法律、法规，制度、规定和人才储备等都十分短缺。

高等学校作为国家科技创新的源泉，应当抓住现代科技创新的历史

机遇，充分利用自身优势，建立良好的知识产权运营管理机制，促进我
国知识产权的生产、运营和转化，推动经济、社会和行业的发展。

（3）高等学校科研竞争层面的运营管理价值

高等学校作为科技创新的核心，具备多种复合的功能，包含人才培
养、科技研发、服务市场等。知识产权的运营管理，作为促进知识产权
转化的重要力量，应予以高度重视。高等学校应不断优化知识产权运营
管理机制，提升自身的核心竞争力。

首先，高等学校应不断优化知识产权的运营管理模式，整合多种内
外部资源，调动高等学校科研人员的积极性，提高知识产权的生产和转
化能力，提升自身的影响力。

其次，高等学校应该根据科技和社会的快速发展情况，将知识产权
的运营管理工作和相关培训，运用于课程教学和人才培养中，培养国家
和地方需要的知识产权保护、运营管理等综合性的高素质人才。

3.4 高等学校知识产权运营管理问题及对策

3.4.1 高等学校知识产权运营管理问题

如前面我们提到的，我国高等学校的知识产权在运营管理阶段也面
临诸多问题，从知识产权保护的角度来看，与知识产权转化过程中的问
题有相似点，也主要包括以下四个方面：高等学校科研人员知识产权意
识淡薄、高等学校独立知识产权管理机构与复合型人才缺乏、高等学校
专利等知识产权转化率低和高等学校考核评价机制与成果评估体制不够
完善。

1. 高等学校科研人员知识产权意识有待提高

从法学和经济学两个角度来看，知识产权有着不同的含义。从法学角度出发，知识产权是对智力成果的一种所有权，包括科学、文化和艺术等领域的智力成果。从经济学角度出发，知识产权是一种无形资产，包括专利权、非专利技术和著作权等重要的无形资产。我国高等学校是进行科学技术研究、开发与创新的重要力量，是专利等知识产权与技术成果产生的重要来源。但是，大部分高等学校的科研人员尚未形成知识产权的保护意识或者保护意识不强。我国大部分高等学校的科研人员，尚未完全掌握和理解知识产权的内涵，也没有深入了解知识产权管理中的保护对象和保护范围。

根据物体是否有形这一性质，可以将产权分为两类，分别是有形物产权和无形物产权。知识产权作为产权的一种，属于无形物产权，具有价值性这一重要特征。价值性是指代表这一知识产权能够为所有者带来的利益，这也是国家、企业和个人把知识产权视为财富的重要原因。但是，许多高等学校的科研人员并没有认识到知识产权的本质，他们大多仅将知识产权作为研究的最终成果，忽视了它具有价值性这一重要特征，不能很好地完成知识产权的转化。

一些高等学校的科研人员，在取得成果以后并没有及时申请专利等知识产权；一些科研人员由于经费缺少没有申请专利等知识产权，而选择技术秘密的方式保护科研成果，极易存在泄露风险，而这种情况是无法获取法律保护权利的；科研人员对于相关法律知识理解不足，即使在合同中也缺少相应保密条款。对于知识产权转化和保护意识不足等多种问题，知识产权运营管理工作需要重视并不断改进。

2. 高等学校独立知识产权管理机构与复合型人才缺乏

在我国，知识产权管理组织机构有两种形式，一种是独立的知识产权运营管理组织机构，还有一种是科研处下属的一个分支组织机构。独立的知识产权运营管理组织机构，仅存在于国内几所顶尖高等学校中，其他大部分高等学校，都将知识产权运营管理组织机构纳入校内的科研管理机构中。但是，知识产权运营管理是一项专业领域广泛、程序复杂的工作，管理人员既要熟悉相关的法律规定，又要保证足够精力的投入，并且需要对各项技术所涉及的新颖性、独特性保持敏锐的判断。

目前，高等学校人员缺少、编制紧张，在教师身兼数职的情况下，很难保障高等学校科研工作者的利益。因此，知识产权运营管理组织机构的管理人员必须是涉足多个领域的复合型人才，既熟悉科研工作，又要了解法律、经济和科学技术等多个方面的理论与知识。

3. 高等学校知识产权转化效率偏低

知识产权转化是知识产权授权的最终目标。国家在制定知识产权制度时，明确规定知识产权的独占权，就是为了鼓励知识产权的转化，推动技术创新和科技进步。然而，我国许多高等学校虽然每年都产生大量的专利等知识产权，但是在专利等知识产权进一步的发展方面，仅步入"知识产权凭证"的阶段，并未实现知识产权的转化，这与国家设置知识产权制度的初衷相违背。高等学校是科学研究的重要源泉，大部分高等学校内都设置有国家重点实验室，有众多专业科研人员，每年承担至少一半的国家重点科研项目，产生大量的专利等知识产权。但是，知识产权与科研成果所带来的利益，仅有很少一部分是来自高等学校的知识产权成果，这充分说明高等学校知识产权成果在实践中并未得到运用，未能完成知识产权的有效转化。因此，高等学校的知识产权转化率很低，未能发挥其作为国家科研高地的作用。

4. 高等学校考核评价机制与成果评估体制不完善

高等学校对教师考核评价通常是"重理论、轻实践"，过于看重发表学术论文的数量，忽视实际创新能力，导致高等学校内的科研工作者与企业人员相比缺少市场意识、竞争意识；"重申请、轻转化"，片面地追求知识产权申请的数量，很少考虑科技创新的实用性。即便部分科研成果有进行成果转化的条件，但缺少学校政策的支持和激励，科研工作者不愿花费精力在成果转化上，也会造成高等学校技术转移结果不理想。

目前，知识产权与科研成果的评估结果，主要倾向于科研工作者与企业的协商结果，评估单位通常按照委托人（成果发明人）的意志进行评估，而忽略了科研成果真正的市场价值与应用前景，从而造成评估结果缺少准确性与客观性，同时也容易造成国有资产的流失。

3.4.2 高等学校知识产权运营管理对策

针对高等学校知识产权在运营管理方面存在的诸多问题，本文将从以下四个方面提出对策建议：强调高等学校知识产权的本质属性；设立独立的高等学校知识产权运营管理机构；注重高等学校科研成果转化实施；改革高等学校科学研究的评价体系。

1. 强调高等学校知识产权的本质属性

对于高等学校的科研人员知识产权意识培养主要从两方面入手，第一方面，树立正确的知识产权意识；第二方面，强调高等学校知识产权本质属性。在知识产权意识方面，我国的高等学校应通过多种活动方式，培养科研人员形成正确的知识产权意识，包括宣传和讲座等多种活动方式。在强调知识产权本质属性方面，高等学校应当明确知识产权发挥经济杠杆作用的本质属性，并为所有者带来收益。高等学校应当注重知识产权的转化，根据国家相关制度、规定和要求给予知识产权持有者一定的经济报酬，并鼓励知识产权完成转化，实现经济效益。

2. 设立独立的高等学校知识产权运营管理机构

为了提高知识产权质量和促进知识产权转化，我国的高等学校应从以下两方面入手。首先，设置独立的高等学校知识产权管理机构；其次，激发高等学校知识产权管理机构的积极性。许多发达国家高等学校都设置有专门的知识产权运营管理机构，如硅谷的斯坦福大学，设置有独立的技术许可办公室。中国的高等学校应借鉴国外高等学校的优秀经验，设置独立于高等学校科研部门的知识产权运营管理机构。高等学校知识产权的运营管理机构，需具备知识产权运营管理和知识产权转化等重要职能。

在知识产权的运营管理方面，高等学校应注重形成市场化的运营管理机制，促进知识产权的市场化。在知识产权的利益分配方面，高等学校应注意利益分配在学校、所有者和知识产权管理组织机构这三者之间的合理性。由于高等学校知识产权运营管理机构在专利转化方面具有重要的推动作用，为了调动知识产权运营管理机构的积极性，可以优先将一部分利益，作为知识产权运营管理机构的管理费用，剩余的其他部分再根据规定进行分配。

3. 注重高等学校科研成果转化实施

在国内，大部分高等学校比较重视科研成果，却忽视知识产权与科研成果的转化。高等学校如果想要提高知识产权的转化效率，首先，需要有知识产权转化的意识。为了不让高等学校的科研成果与市场脱节，高等学校可以向企业学习，在制定科研创新的规划和目标时，以市场为导向，重点突破有技术价值和商业价值的科研课题，这样既有利于提升高等学校科研成果的综合质量，也使得科研成果更容易实现转化。

其次，需要注重高等学校知识产权运营管理的效益。高等学校知识产权运营管理机构应当按照知识产权运营管理规定，重视知识产权运营管理效率，更要重视知识产权转化效益。

最后，需要加强高等学校知识产权转化平台的建设。我国的高等学校可以通过加强与技术转移中介机构和企业之间的横向联系，积极探索科研成果转化的新途径和新方式，在技术转移方面向市场寻求商业合作，从而推进高等学校专利成果的转化实施。

4. 改革高等学校科学研究的评价体系

高等学校的科学研究评价体系，需要从以下三个方面进行改革。第一，重视知识产权数量转向更注重知识产权质量。我国高等学校的科学研究评价体系，要将重点从知识产权申请和授权的数量，转移到知识产权是否能为社会服务和带来经济利益上，以实现知识产权的经济作用。第二，项目申请与项目验收应该优先考虑科研成果应用前景。高等学校在项目的申请方面，应将是否能为市场带来利益、是否有好的应用前景作为评估重点，并对这些能为市场带来重大利益和广阔应用前景的项目进行优先立项。在项目完成后的验收方面，对于那些已经在实践中进行运用并带来利益的项目进行优先结项。第三，高等学校的项目补助从一次性补助转向分阶段补助。项目补助要根据项目进行的程度，以及是否完成转化进行分阶段资助，重点关注资助项目的转化实施。

3.5 高等学校知识产权运营管理策略

3.5.1 高等学校知识产权运营管理创新策略

1. 更新高等学校知识产权运营管理认知观念

随着科技时代的发展，传统的经济认知对现在科技的发展起到很小的推动作用，因此，我们应当转变观念，加大对高等学校知识产权的保护力度，推动社会经济的发展。对比发达国家和我国的知识产权认知来看，发达国家已有近百年的知识产权制度，对于知识产权保护的意识是与生俱来的。而我国的知识产权运营与管理还处于起步阶段。过去我国，传统的经济形态主要是农耕，注重以合作、分享等方式发展生产力，这种思想是根深蒂固的，因此，对于知识产权保护的意识非常淡薄。

然而，随着经济时代的发展、与国外经济合作交流的增多，我国逐渐意识到知识产权保护的重要性，因此，快速更新知识产权保护的观念是十分重要的。我国虽然已经开始完善知识产权的相关法律制度，形成知识产权的保护意识。但是，相较于发达国家高等学校知识产权的发展，我国还需进一步更新知识产权观念，加强知识产权保护立法，高度重视知识产权保护工作，形成经济发展新常态。

2. 提升高等学校知识产权运营管理质量

我国高等学校知识产权运营管理工作，将现阶段的重点放在知识产权数量的统计上，对于知识产权运营管理质量没有过多的关注。虽然我国高等学校知识产权数量居于世界领先地位，但是知识产权质量令人担忧，需要国家和相关部门采取措施，改进知识产权的运营管理方式，将重点工作从知识产权数量运营管理转向知识产权质量运营管理提高方面。

知识产权运营管理的工作体系主要包含三方面的内容，分别是目标、指标和政策体系。为了提高知识产权运营管理能力，我国的高等学校应当将知识产权服务运用到知识产权运营管理工作中。在高等学校的科研立项上，现阶段有多种形式，但没有采用专利查询这一方式。而且在查询报告中，对于高等学校项目的新颖性和独特性不能完全体现出来，导致高等学校知识产权运营管理一直处于较低的水平，许多科研成果也未能尽快转化成专利。

因此，为了解决高等学校科研立项与成果转化这一问题，我国高等学校应当为科研人员提供专利记录和查阅等多种服务，一方面能避免重复申报项目，另一方面能有效防止知识产权侵权现象产生。由于高等学校大部分科研人员对于知识产权的保护意识不足，在科研成果进行到一半时，就急于展现出来，导致成果丧失新颖性。有些高等学校科研人员不能很好地利用文献专利检索服务，科研项目开展效率低。

3. 建立高等学校合理科技成果评价体系

我国大部分高等学校对于科研人员的绩效评价并不十分合理，仅仅采用单一通用的评价标准，没有将学科特点、项目范围以及知识产权是否申请保护等因素作为评价指标。一部分科研人员在高等学校中没有固定的岗位，一些参与科研的学生毕业后离开高等学校，以及其他人员流动等，都会带来知识产权泄露的风险。因此，我国的高等学校应当建立合理的科技评价体系，构建产学研一体的知识产权转移体系，提高知识产权保护能力，促进知识产权运营管理工作良好运行。

4. 推动高等学校知识产权运营管理市场化

现阶段，高等学校知识产权运营管理主要呈现两种形式，第一种形式是合作开发，这一种形式占大部分；另一种形式是专利许可，这一形式占很小一部分。由于一些公司缺少人才资源和科研环境，要实现技术转移就必须由高等学校科研人员带领团队深入一线进行研究。因此，我国的高等学校可以从以下三个方面出发解决问题，提高知识产权运营管理的能力。

第一，构建高等学校知识产权运营管理平台。高等学校应当培养或聘用一些懂技术转移和市场需求的人员，帮助高等学校科研人员实现知识产权运营管理，并与社会需求接轨。第二，制定一系列政策。国家应当颁布一系列与知识产权运营管理相关的政策，引导高等学校知识产权运营管理实现市场化。第三，发挥风险投资的作用。现阶段，大部分公司对我国的高等学校知识产权的认可，仅停留在国际或社会是否在使用上，这将导致许多高等学校知识产权的原创性得不到认可，更多的是模仿性。为了保证高等学校知识产权运营管理市场化工作的顺利进行，国家应当大力推动风险投资，提高知识产权市场化的效率。

3.5.2 高等学校知识产权运营管理能力提升策略

我国的高等学校在知识产权运营管理方面，存在诸多不足之处，知识产权运营管理和市场化水平有待进一步提高。现如今，我国的高等学校知识产权运营管理工作体系基本完善，应将如何提升知识产权的运营能力作为重点内容，充分利用高等学校知识产权资源，提高知识产权市场化水平，推动社会经济发展。因此，为了提高我国的高等学校知识产权运营管理能力，应当从以下两方面出发：提高高等学校知识产权数据加工能力，构建高等学校"互联网＋知识产权"运营平台。

1. 提高高等学校知识产权运营管理的数据加工能力

知识产权运营管理中的数据加工与处理能力，在国内外都有很重要的地位。在欧洲，高等学校的科研人员通过对专利文献进行研究，节约将近300亿欧元的研发费用。在中国，相关研究指出一些高等学校科研成果的大部分信息都存在专利文献中，如果能充分利用专利文献中的信息，将会大大减少知识产权的研发费用，缩短知识产权的研发时间。因此，知识产权的数据挖掘与加工对于高等学校知识产权运营管理有着重要意义。

高等学校知识产权运营管理的机构中，缺乏既熟悉知识产权法律法规，又熟悉经济、科技等多学科、跨领域的复合型人才。我国的高等学校知识产权价值评估方法虽然多种多样，但是没有统一的标准，不具备公信力。高等学校知识产权的数据挖掘工具，不能从多维度出发，不能准确、清晰地找寻所需要的信息。目前，我国的高等学校知识产权运营管理过程中，数据加工能力还处于能力和水平较低、专利信息可视化能力较差的状态。

南京大学作为世界一流学科建设高等学校，在科技情报学科上有重大优势。南京大学发挥其学科优势，由科研团队对国外研究文献进行深入研究，对国外高等学校知识产权检索的水平进行了初步的评价，研究团队采用多种知识产权数据挖掘方法，其中包括机器学习和深度学习等方法，构建了知识产权加工的评估指标体系（PMES）。该指标体系包含四个一级指标——"三价值一属性"，"三价值"具体指的是技术价值、市场价值和军事价值，"一属性"具体指的是：法律属性。通过这四个一级指标逐步往下延伸，最终形成4个指标，130多个标签的高等学校知识产权加工的评估指标体系。该指标体系的引入，为我国的高等学校知识产权运营与管理工作的绩效考评和水平提升，起到了较大的推动作用，解决了我国的知识产权数据可视化较差的固有问题，对知识产权成果进行分类管理，提升了高等学校知识产权的运营与管理的能力。因此，在知识产权运营管理提升策略中，构建和依据量化的高等学校知识产权加工评估指标体系，可以有效地提升高等学校知识产权运营管理的数据加工能力。

2. 构建和运用高等学校"互联网＋知识产权"的运营管理平台

高等学校"互联网＋知识产权"运营管理平台，可以有效地整合多方资源，构造我国高等学校知识产权运营管理的生态链。多方资源主要来源于高等学校、企业和投资者等。电商体系包含多种运营管理的服务内容。主要涉及高等学校知识产权的管理和用户的管理，其中高等学校知识产权的运营管理可以包括对知识产权进行分层分类管理、专利仓库管理等，用户管理主要涉及信息和交易管理等。客户体系主要是对企业相关信息、企业需求信息进行采集和管理。匹配体系主要实现知识产权商品与企业技术需求相匹配，以解决高等学校知识产权的供应和需求不匹配的问题。

同时，高等学校知识产权运营管理提升策略中，可以创新和运用多种知识产权的运营管理工具，以有效地解决知识产权运营管理的水平和能力。例如"专利宝"等，它是一种标准化的知识产权管理工具，主要是为知识产权运营与管理人员研发的，具备多种功能，包括专利管理、专利数据库的建立、专利相似度的分析等功能，大大提高了知识产权的管理能力。该工具不仅能评估当前高等学校和学科的知识产权发展现状，还能了解到具体个人的知识产权发展现状，同时还能为高等学校提供一对一的知识产权咨询。另一种标准化的知识产权管理工具"专利书包"，面向的对象是高等学校科研人员。它提供多种多样的功能，不仅能实现高等学校科研人员知识产权的自我运营管理，还能与企业进行实时互动，了解企业对知识产权的关注程度，从而提升高等学校知识产权的运营与管理的能力。

3.5.3　高等学校知识产权运营管理驱动模式策略

高等学校知识产权运营管理模式，是高等学校从自身出发，根据自身优势，依据相关法律法规和制度，寻求经济利益最优化的商业化运营管理模式。从知识产权运营管理现阶段发展角度出发，可尝试的创新和构建如下。

1. 高等学校知识产权运营管理驱动框架

高等学校知识产权的运营管理驱动模式是一项十分复杂的工作，是综合运用多重手段获取经济效益的过程。此运营管理驱动框架主要分四个运营管理阶段进行，分别是：高等学校知识产权项目运营管理启动阶段、高等学校知识产权项目运营管理实验阶段、高等学校知识产权项目运营管理生产阶段和高等学校知识产权项目运营管理上市阶段。高等学校知识产权运营管理驱动框架主要从四个管理维度出发，分别为需求拉动维度、技术推动维度、阶段运营维度和环境支持维度，具体参看图 3 – 3。

运用阶段	启动	实验初试	生产中试	工业化生产/产品上市
需求拉动型知识产权运营新模式	市场需求/分析 市场调研及要求分析 市场风险预测	方案设计 基于成熟技术的微创新 商业模式创新 外观专利、商标、域名等保护	研究开发 改进专利、外围专利 用户体验导向的技术开发 集成创新型专利组合、著作保护等	生产制造销售 产品专利组合、LOGO、品牌、包装等保护
技术推进型知识产权运营新模式	基础研究 基于原创思想的核心技术 基础性、核心专利	应用研究 与市场对接的应用技术 基础技术改进型专利、初步应用型专利	生产制造 产业化核心技术、工艺、上下游、外围技术的商标、域名、著作权等	市场销售 获得垄断地位的产品专利保护组合、商标、品牌、著作权等保护
阶段运营任务	专利布局模块 专利分析、评估、由核心到外围组合		商业开发模块 产业化、贸易化、资本化运营及相关专家聚集	价值生成模块 知识产权交易、融资、抵押、诉讼、管理等
环境支持体系	国家政策 成果转化的资金政策 产业扶持 科研政策导向 科研评价体系		知识产权行业发展 知识产权运营中介与联盟 知识产权价值评估技术与交易平台 知识产权运营技术、法律、市场等方面人才	高校知识产权运营机制 更新观念、完善知识产权运营管理模式 完善成果转化激励机制 知识产权运营人才引入、资金、配套政策支持

高校知识产权创新模式

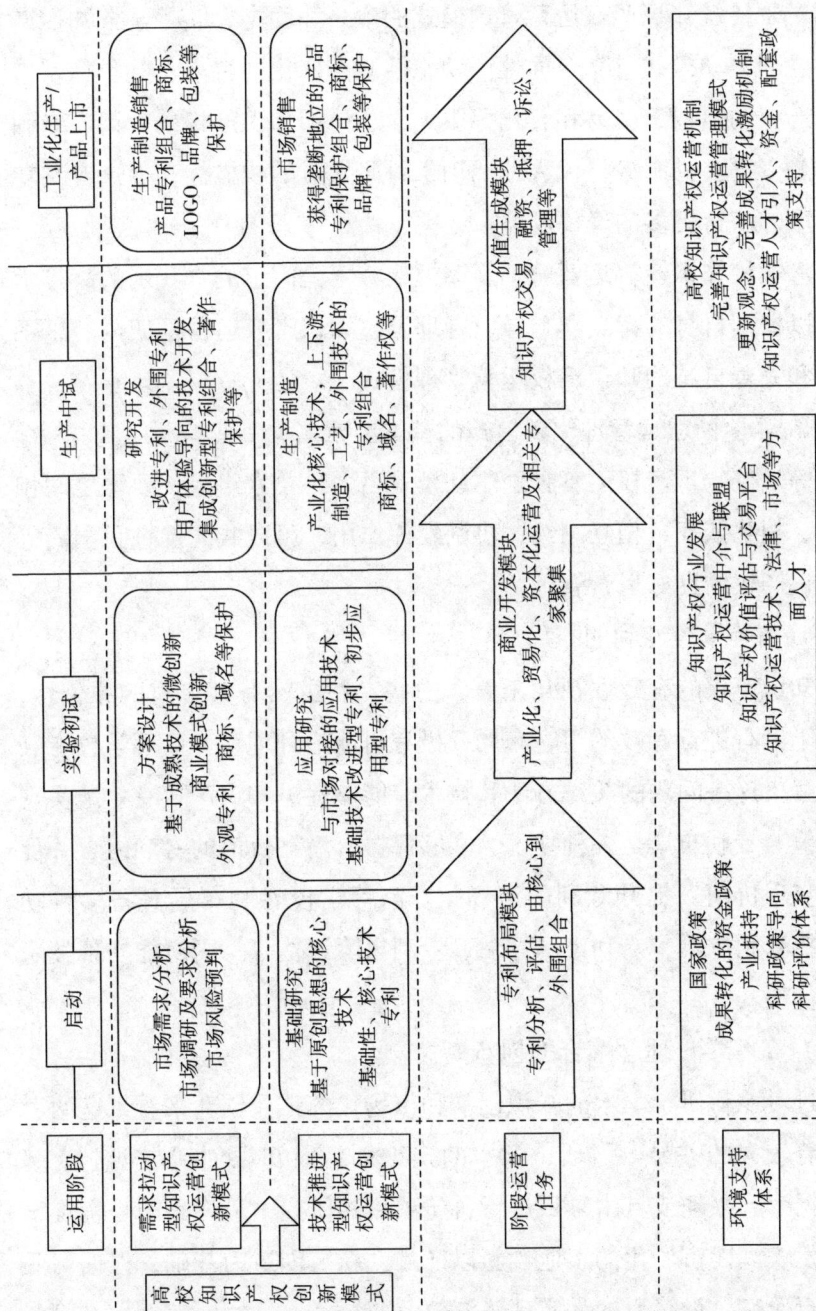

图 3-3 高等学校知识产权运营管理驱动模式图

97

相对于传统知识产权运营管理模式的单一和固定，高等学校知识产权运营管理驱动模式具有全面性、动态性和多样化的特点，既包括基本的知识产权的申请、交易和转化等服务，还包括知识产权的查询、专利挖掘和融资等多种服务，极大地调动了科研人员的积极性，促进专利转化的效率，获得更多的经济利益。

高等学校知识产权运营管理驱动框架并不是固定的，我国的高等学校，可以根据自身的特点和差异，合理调整知识产权运营框架内容，不断提高和完善自身的知识产权运营管理模式。

2. 高等学校运营管理驱动模式的基本要素

高等学校知识产权运营管理驱动模式由多种要素组成，要素之间相互联系、相互依存、相互制约，协调发挥作用，可以共同促进我国高等学校知识产权的良好运营管理。

（1）高等学校专利的布局

从知识产权的有效性视角来看，一些专利虽然有其自身的原创性，但是由于没有进行有效的组合布局，极有可能遭到埋没。高等学校专利布局是解决这一问题的关键方法和技术，能够促进知识产权有效地实现商业价值。专利布局是一种技术，能够保护有潜在价值的专利组合并促进专利实现价值，提升专利的市场化。高等学校专利布局具备多种功能，包括专利挖掘、专利市场评估、专利风险评估等，同时能实现技术的组合优势。

（2）高等学校理念融合的创新模式

通过对比科研、学术的知识创新和市场化的工业创新来看，这两者之间有着较大的差异。科研、学术的知识创新以知识创新与创造为基础，根据个人兴趣或自由领域进行科研项目的研究，最终目的是实现学术论文发表。而市场化的工业创新以产品创新与创造为基础，根据商业导向进行研究，最终目的是实现经济效益。

　　我国高等学校科研、技术的知识创新成果从表面看起来很成功。但
是，在实际的运营管理过程中并不一定能够取得成功。所以，将市场化
的工业创新理念融入学术的知识创新理念当中，以市场为导向，实现专
利技术的经济效益。

　　高等学校知识产权的运营管理创新模式，既可以是拉动型知识产权
运营管理创新模式，也可以是推动型知识产权运营管理创新模式，以市
场需求为开端，以产品生产为终端。高等学校的学术和工业化的运营管
理创新思想，如图3-4所示。

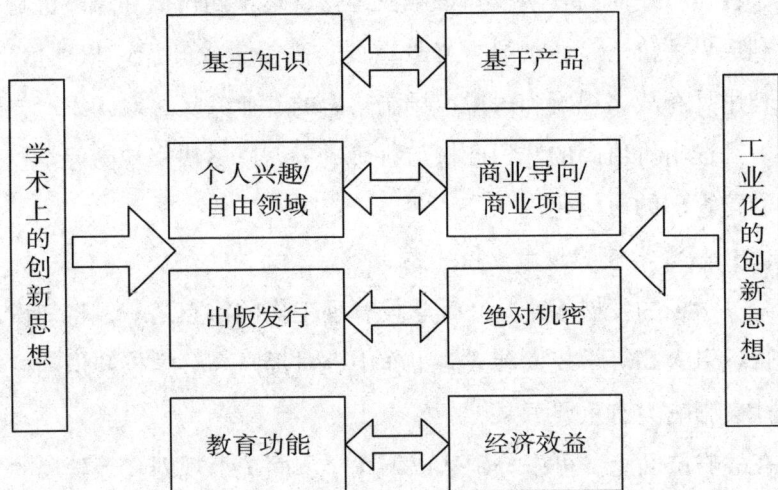

图3-4　学术和工业化的运营管理创新思想

（3）高等学校知识产权市场化开发

　　一些高等学校知识产权运营管理具有广阔的应用前景，但这只是潜
在的经济价值，要想真正实现经济与社会价值，需要进行知识产权运营
管理市场化开发，而市场化开发的程度决定经济与社会价值实现的
程度。

　　知识产权运营管理市场化的开发模块，能够决定知识产权运营管理

市场化开发的程度。高等学校知识产权运营管理市场化开发模块由多种因素构成，包括运营管理机构、运营管理人员、相关法律制度和目标市场等；涵盖多种方式，包括高等学校知识产权的市场化、风险投资、专利转让和专利联盟等；人员配备由多种产业背景的专家组成，以提升知识产权的运营管理能力，促进知识产权运营管理的经济价值最优化。

（4）高等学校知识产权评价平台

根据相关的法律规定，知识产权作为产权的一种，具有独享权，这种特性导致知识产权在运营管理过程中，同时存在着高风险与高收益。因而，构建一个对高等学校知识产权运营管理预期价值和风险进行评估的专利成果评价平台，就显得格外重要。高等学校知识产权评价平台，应当聘用具有战略视野和敏锐市场洞察力的专业人员，对知识产权进行评估，挑选出价值高的知识产权与科研成果，以尽快实现高等学校知识产权运营管理的市场化。

（5）高等学校的政策支持体系

高等学校的发展战略是高等学校管理工作的重点之一，将知识产权运营管理引入高等学校发展战略工作中，对提高高等学校知识产权转化率和社会影响力有重要意义。

在战略层面上，可以分别从以下几个方面统筹规划高等学校的知识产权运营管理工作。第一，加强高等学校知识产权运营管理知识教育。高等学校应加大力度向科研人员普及知识产权运营管理知识，强化知识产权转化意识。第二，将高等学校知识产权转化引入考核体系中。在对高等学校科研人员的年度考核、职位晋升中，将知识产权转化情况列入考核评价体系中。第三，高等学校知识产权运营管理的市场化导向。在项目立项与验收中，要将知识产权运营管理转化情况，作为高等学校项目立项和成果验收标准。第四，要充分利用和整合高等学校知识产权运营管理各种资源，完善知识产权运营管理相关制度，规范知识产权运营管理的流程。第五，依靠国家创新战略和产业支持等相关政策，获取高等学校知识产权运营管理的资金支持。

3. 基于知识产权运营管理价值的高等学校科研系统

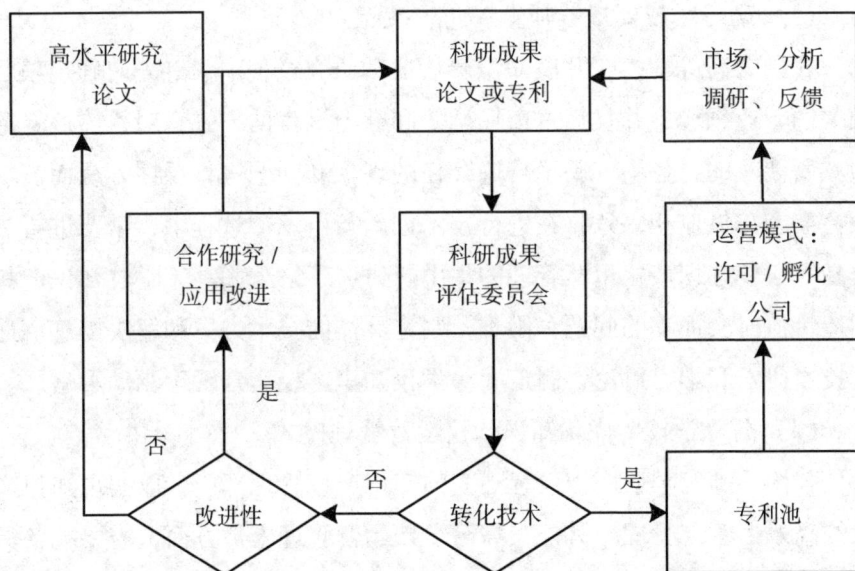

图 3-5 基于知识产权运营价值的高等学校科研系统

基于知识产权运营管理价值的高等学校科研系统，是以完善我国的高等学校科研系统为目标，充分调动科研人员的积极性和创造性，具有市场化和协同化等多种特征。基于知识产权运营管理价值的高等学校科研系统管理过程如下。首先，高等学校建立项目成果评估委员会。评估委员会负责高等学校知识产权项目成果的价值评估，根据知识产权项目成果的市场前景，将其分为高市场化高成熟度前景的项目成果和低市场化低成熟度前景的项目成果。其次，对于低市场化低成熟度的高等学校知识产权项目成果，可以采用三种方式，分别是：市场调研及分析、合作改进和学术论文。对于高市场化、高成熟度的高等学校知识产权项目成果，可以进行专利挖掘和专利布局，给予更多资源支持，使其更好地适应市场化需求。最后，对于极其成熟的高等学校知识产权项目成果，直接将其融入高等学校知识产权运营与管理系统，进行市场交易。

4. 高等学校知识产权运营管理驱动策略

（1）高等学校要培养师生双向思维能力

我国的高等学校在开展知识产权项目研究过程中，首先应确定项目相关的专业领域，并且通过市场调研和社会调查的方式，对目前该专业领域所涉及的行业中，关于普遍存在的现象和问题进行反馈，从而实现社会需求与供应相一致；在进行技术创新与研发的过程中，需要进行有关高等学校知识产权运营管理的集中研讨，了解未来高等学校知识产权创造价值时会面临的问题和困难，制定具体的技术方案和解决措施。通过技术研发和学术讨论，制定高等学校知识产权运营管理驱动策略。

（2）高等学校要优化知识产权运营管理模式

我国的高等学校应当设置独立的知识产权管理部门，以实现知识产权的高效运营与管理。另外在高等学校运营管理人员方面，需要配备具有一定专业背景的知识产权运营管理人员，对本校的知识产权进行系统化专业化的统一管理与保护。

同时，做好对高等学校知识产权研发团队的运营管理培训，在研发团队中配备顾问，实现高等学校知识产权运营管理与研发一体化。通过这种方式，实现高等学校知识产权与技术市场社会需求相匹配、技术管理与运营措施相配套，从而优化高等学校知识产权运营管理驱动模式。

（3）高等学校要与政府和企业建立密切联系

我国的高等学校在进行知识产权的研发与运营过程中，应当充分与当地相关行业、对口企业或者公司进行交流，或者在技术交流上，建立必要的合作关系。通过与相关的公司或企业的交流合作，使高等学校的研发团队能够获得足够的企业技术需求信息或市场需求信息。同时，了解该行业领域中目前存在的技术问题与技术需求，对高等学校知识产权中涉及的技术性问题进行技术优化与改进。

通过开展高等学校与地方政府部门的合作，从政府层面获得资金支持以及地区性试验基地的支持，使我国高等学校的知识产权成果能够有足够的测试基地进行有效性检测，并且通过测试查找出高等学校知识产权在其技术实施中创造的技术产品的不足，逐步加以改进和完善，实现高等学校知识产权技术与成果之间充分的、高效的、专业性的转化，实现我国高等学校知识产权运营管理模式合理稳定的运行。

（4）高等学校知识产权运营要与网络技术相结合

通过网络上的技术转化平台，将现有的高等学校知识产权技术进行合理运营管理和开展合作交流；通过网络搜索目前已经存在的相似的知识产权运营情况，了解高等学校运营过程及其所涉及的法律、法规情况并加以研究，获得自身知识产权运营相应的管理经验。同时，在高等学校运营管理过程中，通过采取网络加密技术，以防止知识产权在运营过程中，被不法分子截获并从中提取相关技术，从而导致知识产权技术成果的流失；通过将知识产权技术数据上传，进行永久保存，并以秘钥的运营管理方式进行授权访问，使知识产权获得更严密的保护，从而使我国高等学校知识产权的运营管理过程更安全。

3.6 本章小结

我国高等学校的知识产权运营管理是知识产权工作的核心，良好的运营管理不仅能促进大量高质量知识产权的产生，还能加快知识产权实现市场化，使潜在价值得以显现，提升我国高等学校的社会影响力，增强高等学校的核心竞争力。

首先，本章首先对国内外高等学校知识产权的运营管理展开了对比研究。其中，从国内外高等学校知识产权运营管理的机构特点、制度特点、管理过程特点以及人才队伍建设特点四个方面展开了全面的分析与研究。

其次，本章对于国内外高等学校在知识产权运营管理工作中的经验，如知识产权保护意识、运营管理过程、人才队伍建设、组织机构设置等方面的情况进行了分析与总结，并根据高等学校知识产权运营管理中的经验和问题，得出对应的启示性建议与对策。

再次，本章进一步研究了我国的高等学校知识产权的风险管理和运营管理情况，提出我国高等学校知识产权运营管理的创新策略、驱动模式和提升运营能力的策略。

最后，本章分别从知识产权管理组织机构、制度、过程和人才队伍建设这四个方面对比分析国内外高等学校知识产权运营管理，并针对性地提出了我国高等学校知识产权经营管理的提升策略。

第 4 章

国外高等学校等技术转移实践经验和启示

　　技术转移是知识产权与科研成果在国家、地区、行业内部以及技术自身系统内输入与输出的活动过程，具体涵盖知识产权与科研成果、信息、能力的转让、移植、吸收、交流和推广普及等活动。技术转移是知识产权与科研成果转化为现实生产力并实现经济与社会价值的根本途径，是现代经济社会发展的关键要素。

　　科学技术是推动经济社会发展的强大动力。当前，我国大力推进经济结构战略性调整和产业转型升级，更需要把科学技术和自主创新放在突出的位置。全国人大常务委员会在 2015 年 8 月颁布了《中华人民共和国促进科技成果转化法》的修订案，该修订法案进一步强调了知识产权与科研成果的转化活动，应当有利于加快我国实施创新驱动发展战略，促进科技与经济结合，有利于提高经济效益。知识产权与科研成果转化，可以看作技术创新最为重要的环节，是新技术、新发明市场价值的最终实现，是科技进步支持经济发展的关键所在。

　　为进一步将科技成果转化和技术转移的保障工作落到实处，国务院办公厅在 2016 年 4 月颁布的《促进科技成果转化法行动方案》，以及 2016 年 5 月颁布的《国家创新驱动发展战略纲要》中更加明确和详尽地提出了优化我国的区域创新布局，构建跨区域创新网络的战略部署和行动纲领。《"十三五"国家科技创新规划》也要求打破区域创新体制机制障碍，促进创新资源流动，实现区域协同发展。由此可见，作为创新资源流动的重要表现形式，知识产权与科研成果的转移，对于我国发达地区的技术市场开拓、次发达地区的技术能力提升和全国各区域的协同创新发展具有重要作用。

国务院办公厅在 2017 年 9 月印发的《国家技术转移体系建设方案》，进一步勾勒出国家战略层面的技术转移体系的整体蓝图。在国家促进技术转移转化有关政策的指引下，技术转移体系已成为科技创新体系不可或缺的重要组成部分，知识产权与科研成果交易在推动技术创新发展中，发挥的促进作用越来越重要。

高等学校在知识和技术研究中，起着不可或缺的重要作用。在知识产权与科研成果运营管理、知识产权的保护中，高等学校的运营管理水平也随着社会发展，不断地进步与提升。当然，知识产权不仅仅包含保护的工作，更重要的是知识产权如何有效地进行转化和转移。

科学技术的发展水平，是国家综合实力的重要表现形式，也是现代社会文明程度的重要标志。特别是 21 世纪的到来，全球的经济技术水平飞速发展，近二十年的科学技术发展速度，远远超越了过去两百年的工业革命的发展进程。

知识体系进入爆炸式增长的快车道上，高水平知识产权与科研成果的有效转化、技术转移，已经成为全球各国持续快速发展的源泉与动力。而大量的高新技术与前沿的科学研究成果，大多都发端于全球知名的高等学校，这里聚集着大批高水平的科学研究人才，是科学技术创新快速、持续发展的发动机。

本章，我们将典型的国内外高等学校在技术转移历程中的实践经验进行对比、分析和总结，使我们更加清楚地了解高等学校的技术转移工作的脉络和方法。

4.1 国外高等学校等技术转移机构分析

4.1.1 以美国斯坦福大学为例

早在1970年，美国的斯坦福大学就创立了一种高校内设组织机构的技术转移模式，这种内设组织机构的模式是，将专业技术转移组织机构设立于校内，该机构负责学校内全部的知识产权运营管理和技术转移的工作。斯坦福大学称之为技术许可办公室（Office of Technology Licensing，OTL）。该技术许可办公室具有自己独特的技术转移运转模式，以实现技术转移为核心工作内容，致力于推动形成技术转移经济效益，为本校科学研究、技术创新和知识产权转移工作提供有效的支持。

斯坦福技术许可办公室的员工，大多数是直接从事技术转移许可的专业人员，每个员工都需要负责本校的科学技术成果从"摇篮"到"坟墓"的全流程服务工作。所以，他们都必须拥有生命科学或者物理科学方面的技术专长。在50年的发展历程中，斯坦福大学的技术许可办公室逐渐形成了一套较为全面的工作流程。

1. 高等学校教职员工和学生发明的发布

斯坦福大学的教职员工和学生提交发明披露和发布的材料，披露和发布的材料中，要求详述发明的日期、发明人、资助者等信息，并授权技术转移许可专业人员进行全面的评估。斯坦福大学技术许可办公室的许可专业人员将对披露和发布的技术进行专业评估。包括整理发明的用途、与现有科学技术的关联性、潜在的市场，以及可能感兴趣的企业和人群等。

技术转移许可专业人员通常会与该发明人一同进行核对和审查，以方便了解和分析该技术成果的潜在应用，以及向发明人讲解如何开展技术许可和技术转移的全部流程。

2. 高等学校技术申请专利保护

在美国，发明专利费等知识产权的申请与保护过程极其昂贵。为控制专利等知识产权申请成本，高等学校内的技术转移许可专业人员会征求发明人的意愿，并在完成专业评估后，尝试与对该项技术感兴趣的潜在被许可企业进行沟通和谈判。一旦找到潜在被许可对象，并且与其初步达成合作意向后，高等学校的许可专业人员才有可能决定申请专利等知识产权。

3. 专注于知识产权的市场营销

斯坦福大学的技术许可办公室与其他技术转移模式不同之处，在于斯坦福大学的技术许可办公室，更加专注于知识产权的市场营销。技术许可的办公室人员，会在网站上及时公布和更新非加密专利等知识产权的完整信息，并主动收集外部市场需求的信息，在遵从发明人意愿的前提下，寻找潜在的可能技术转移的被许可企业。

4. 注重达成技术转移许可协议

如若潜在被技术转移许可企业对发明技术等知识产权产生浓厚的兴趣与强烈的合作意愿，斯坦福大学的技术许可办公室的许可专业人员，将与该企业反复沟通与磋商，最终达到令知识产权的发明人、被许可企业和技术转移许可办公室三方均认可的技术转移许可协议。

5. 全程监督协议履行

斯坦福大学的技术许可办公室，与被转移企业订立技术转移的许可协议后，技术转移许可专业人员仍需要对技术转移的许可关系负责，依照协议对被许可对象进行适当的服务与管理。

4.1.2　以英国牛津大学为例

英国牛津大学则通过成立专门从事技术转移的独立资本公司的模式，进行技术转移的运营管理，独立资本公司名称为 Isis 创新有限公司（Isis Innovation – Oxford University Innovation），主要采用外设组织机构模式。外设组织机构模式，是指知识产权的技术转移机构独立于牛津大学之外，主要以学校出资控股的技术转移公司或创新服务公司的形式成立。

目前，成立专门从事技术转移的独立资本公司的模式，是部分国外高等学校实施技术转移的重要模式之一，这类技术转移组织机构主要提供知识产权的商业化服务，为高等学校技术转移和市场价值实现提供服务。

Isis 创新有限公司是英国牛津大学全资拥有、全球领先的技术转移服务公司，为牛津大学及其他地区高等学校的技术搭建桥梁，为英国乃至全球创造经济和社会效益。截至 2018 年年底，Isis 创新有限公司运营和管理着 3 881 项涵盖生物、医疗、电子信息等领域的专利技术等知识产权；仅在 2017—2018 年度，总收入合计已经达到 1 760 万英镑。同时，Isis 创新有限公司还创立了 21 个衍生的子公司，对外投资合计约为4.3 亿英镑。

技术转移组织机构的人员素质对高等学校技术转移工作有重要的影响，Isis 创新有限公司也不例外。在其官网披露的 80 位创新员工中，总计拥有 26 位各个学科和专业的博士，员工素质及专业化程度都非常高。Isis 创新有限公司目前包含技术转移和咨询两项主营业务，基本涵盖了英国牛津大学技术转移的全部技术转移的基本需求。

1. Isis 创新有限公司的技术许可（Technologies Available）

Isis 创新有限公司的技术转移部门，主要负责帮助牛津大学研究人员实现知识产权的商业化，主要包括：知识产权的许可授权（Technology Licensing）、种子基金（Seed Funds）、天使网络搭建（Angels Network）、衍生公司（Spinout Company）等服务内容。

Isis 创新有限公司的技术转移部门，在全球范围内，运营管理着数百项知识产权的许可技术。许可授权的知识产权在医疗诊断、能源效率、医学影像、科学软件、卫星设备等领域创造出了许多成功的产品。同时，Isis 创新有限公司还对来自世界各地的高等学校、研究机构以及科技创新公司的技术，进行许可调研，在协商适用于技术和商业要求的许可协议方面拥有丰富的运营实践经验。此外，被许可人通常可以在专利申请和许可技术等知识产权的开发方面，得到 Isis 创新有限公司的技术和资金支持，有时还可以得到概念证明和资金的援助。

2. Isis 创新有限公司的咨询服务（Consulting Services）

Isis 创新有限公司的咨询服务团队，可以接触到 5 000 余名的高等学校的学术研究人员，涉及物理、生命、医学、计算机以及人文社科等领域的专家。咨询服务分为两部分：一部分是学术咨询（Academic Consulting – Oxford's Expertise），学术咨询项目包括专家技术报告、专利评估、战略规划、技术课程等；另一部分是技术服务（Technical Services – Oxford's Facilities）。

牛津大学拥有一系列出色的研究设备和设施，外部的组织机构（政府、公共部分机构、社区团队和企业）也可以通过有关运营管理服务协议予以利用，包括测试与分析、概念证明、试剂生产、生产可研究药品、精密制造等。Isis 创新有限公司的咨询服务团队，不仅提供适合的设备与设施，还可以寻找相关技术等方面的专业人员，帮助客户解决问题。

4.1.3　以日本东京大学为例

作为国家层面的技术创新体系，高等学校的技术转移起到了重要的作用，对于各个国家在加快科技的进步、助力产业结构的升级等方面的作用更加突出。日本高等学校技术转移工作的研究和实践，已经取得了长足的成效和成果，成功的经验和方法，值得我国在高等学校技术转移工作中学习和借鉴。

以成效突出的日本东京大学为例，日本东京大学在技术转移过程中，构建了完善、高效的产学研合作组织结构体系，在实践中，被称为东京大学混合机构模式。东京大学混合机构模式是指技术转移组织机构整合了内设和外设模式的特征，具体的架构如图 4-1 所示。

1. 东京大学内设组织机构——产学合作促进本部

成立于 2004 年 4 月。组织机构设立于日本东京大学产学的合作促进本部，由日本东京大学校长进行直属管理，部门设定的目标和工作重心就是为产学合作活动提供基本的运营管理与服务平台。该组织机构又进一步分为创新促进部和知识产权部两个常设分支部门。

作为东京大学内部管理分支的创新促进部，负责履行两大职能：一是构建相关企业与高等学校研究人员之间有效交流的桥梁与机制；二是对根据既有研究成果或成熟想法创业的研究人员，予以实际的支持和帮助。而另一分支部门——东京大学知识产权部的职能主要是：依据东京大学校内的管理政策，对知识产权的创造和申请工作进行整体的部署。

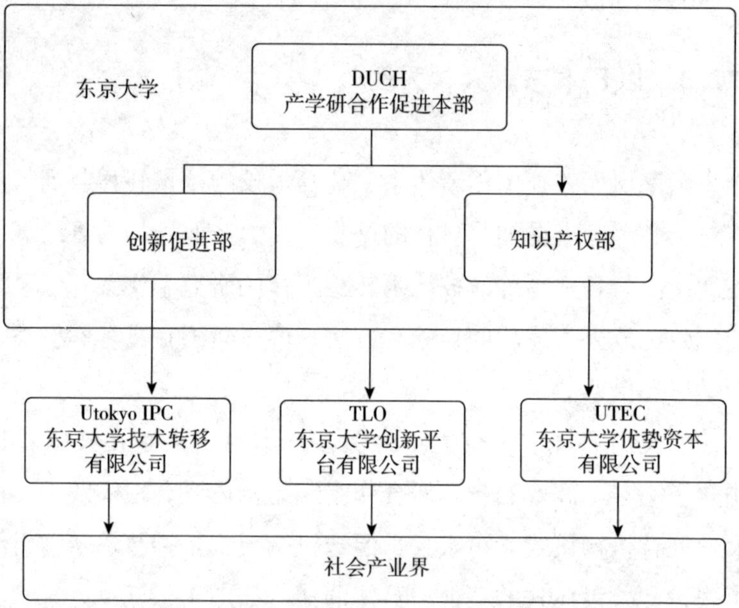

图 4 - 1 产学研合作体系

2. 外设组织机构——日本东京大学技术转移机构

随着知识产权和技术转移工作的实践和完善，成立于 1986 年 8 月，是最早被称为科技孵化中心（CAST）的日本东京大学的外设组织机构。在随后的机构发展过程中，取得独立法人资格，从之前知识产权归属发明人管理模式，转向归属高等学校的管理模式。

当然，日本东京大学的技术转移机构，也允许将知识产权通过许可方式转移给相关企业。同时，日本东京大学为了促进高等学校与企业的技术转移合作，内部设立了东京大学产学合作总部（DUCR），外部科技孵化中心更名为日本东京大学 TLO 有限公司。

在 2009 年 1 月，日本东京大学收购 TLO 全部股份，使其成为东京大学的全资子公司。现如今，日本东京大学 TLO 有限公司将东京大学与社会组织连接在一起，是关联二者的技术发明的代理人。公司成立的宗旨是：将科研成果反哺社会。日本东京大学 TLO 有限公司主要的工作内容主要是：知识产权化、对外发布技术成果等具体成果产业化的管理和操作。截止到 2017 年年底，东京大学 TLO 有限公司签订的许可协议，合计已经达到 4 390 件，技术转移的收入合计高达 79.9 亿日元。

3. 外设组织机构——日本东京大学优势资本有限公司

作为第二种类型的外设组织机构，日本东京大学优势资本有限公司成立于 2004 年 7 月，早期是一家以技术为重点投资方向的风险投资公司，主要的业务是利用日本东京大学的技术和人力资源进行风险投资活动。截止到 2018 年 4 月，日本东京大学优势资本有限公司已成立 4 项风险投资基金，投资总额合计约 543 亿日元，已投资约 90 家初创公司，其中 9 家公司成功上市，10 家公司实现并购和收购。

4. 外设组织机构——日本东京大学创新平台有限公司

作为第三种类型的外设组织机构，日本东京大学创新平台有限公司成立于 2016 年 12 月，主要负责东京大学知识产权资金支持和技术创新等方面的业务事项，旨在扩大日本东京大学的创新生态系统，加速日本东京大学在全球范围内的创新工作。截至 2018 年 1 月底，日本东京大学创新平台有限公司已孵化 310 余家创新创业公司，市值合计高达 1.5 万亿日元，直接投资的初创公司已经超过 20 家。

4.2　高等学校的技术转移模式及启示

4.2.1　高等学校技术转移的基本模式

1. 传统的高等学校技术转移模式

传统的高等学校技术转移模式包含两个主体，分别是企业和高等学校。高等学校作为知识产权的提供者，直接将技术产品，与作为需求者的相关企业进行交易。一般来说，这种交易模式的规模较小，技术转移的成果形式也比较单一。由于缺少第三方技术转移组织机构的参与，这种技术转移模式不能完成规模较大、参与人员较多的技术成果转移。

因此，对信息的交流、技术成果的转化等，起到的积极作用有限。这种传统模式的流程，一般是由高等学校，将技术成果与企业进行直接交易，不经过第三方组织机构，交易的区域和范围也有限。这种交易方式，比较适合知识产权成熟的并具有良好的市场前景的技术成果。但是，随着我国的社会创新驱动战略的快速发展，这种技术转移模式，已经不能够满足快速变化的市场需求和不断加快的科技进步的要求。

2. 高等学校技术转移的孵化器模式

高等学校技术转移的孵化器模式，是一种新型的高等学校技术转移模式。包含政府、公司与企业、高等学校和中间组织机构四个主体，其中高等学校发挥主导的作用，公司与企业起到内部原动力的作用，政府起到引导的作用，高等学校孵化器组织机构，如高等学校科技园作为中间组织机构，对科技成果进行研究与培育。同时，促进和中介科技成果的技术转移，推动科技产业发展。

高等学校技术转移的孵化器模式，是一种比较灵活的技术转移模式，以高等学校为根本，依据其他多种技术转移机构，实现技术成果的有效转移，推动技术转移的进程。目前，常见的高等学校技术转移组织机构的模式主要包括以下四种：高等学校科技园的技术转移模式、高等学校研究中心的技术转移模式、政校合作的技术转移模式和校企合作的技术转移模式。

高等学校科技园的技术转移模式，是依赖于科技园平台、依靠政府的支持、以市场化为目的建立起来的技术转移模式，推动实现科技系统升级。该模式主要有三种表现形式："一校一园""多校一园"和"区校共建"。这种模式具备信息沟通方便、技术成果转化率高、对资金与资源等依赖性较强等多个特点。高等学校科技园的技术转移模式，主要适合知识产权水平较高、成熟度较强的技术成果。

高等学校研究中心的技术转移模式，与高等学校科技园的技术转移模式，在资金支持方面是相同的，都依赖于政府的支持。这种模式主要是为了解决最基本的问题和技术共性问题。该模式突出的特点是：有很好的政策支持、有大量的资金投资、能最好地解决基础性问题。高等学校研究中心技术转移模式，主要适合基础性和共性的技术。

政校合作技术转移模式，是由政府和高等学校合作建立，以技术研发和转移为目标建立起来的技术转移模式。该模式将政府提供的优惠政策、办公场地和高等学校具备的科研优势结合起来，有效地为技术研发和转移工作提供服务。政校合作技术转移模式突出的特点是，短期内难以很快看到效果，它适合满足定向的地方技术需求。

校企合作技术转移模式，是由高等学校和相关企业合作建立，以市场化为目标建立起来的高等学校技术转移模式。该模式通过了解企业技术需求，与市场接轨，短期内成功完成技术转移。校企合作技术转移模式，对于企业的要求比较高，要求企业具备高主动性和高资金投入，适合高端技术。

3. 高等学校技术转移的中介服务组织机构模式

高等学校技术转移的中介服务组织机构模式，是一种独立于高等学校和企业的第三方技术转移平台，是技术转移体系中的重要组成部分，为高等学校技术转移提供帮助，使高等学校从复杂的技术转移工作中解放出来，如今已经发展成为国际技术转移研究的关注热点。高等学校技术转移的中介服务机构模式主要呈现三种形式：校企合作委员会、技术转移中心和产学研合作办公室。

校企合作委员会，是由高等学校和企业合作建立起来的技术转移模式。该模式主要采用会员制形式邀请企业加入，与企业开展技术合作，为高等学校和企业提供技术转移等多种服务。校企合作委员会模式的突出特点是：市场化强，信息沟通高效，适合高水平、高成熟度的跨领域技术成果。

高等学校的技术转移中心，是一种专门的技术转移组织机构，是由具备独立法人地位的公司成立并实现技术转移活动的技术转移模式。在该模式中，技术转移中心作为一个独立的第三方组织机构，连接高等学校和企业并为双方提供技术转移服务。技术转移中心模式的突出特点是：技术来源和转移渠道多样化和商业化明显，适合已有科技成果的推广。

高等学校的产学研合作办公室，主要是由政府和高等学校合作建立的技术转移模式。该模式既是一个平台，又是一个组织机构。作为一个组织机构平台，该模式为高等学校和政府间的技术合作和转移提供服务。作为一个组织机构，该模式为高等学校技术转移的管理、协调工作提供服务。高等学校产学研合作办公室模式具备资金充裕、信息沟通强和市场化低等特点，适合高端技术成果。

4. 技术转移的高等学校衍生企业模式

技术转移的高等学校衍生企业模式，是一种新型的高等学校技术转移模式，以高等学校为主体，通过学校自身的技术优势和丰富资源，自主组建技术创新的有限公司，或通过技术入股等方式，与企业共同经营以实现技术成果转移的一种模式。

在高等学校衍生企业模式中，作为主体的高等学校，全程参与技术转移工作中，大大提升了技术转移的效率。同时，能够为高等学校人才就业和创业提供有效的帮助，促进社会经济效益的实现，与市场需求充分地接轨。

技术转移的高等学校衍生企业模式的典型特征是：高等学校通过技

术入股企业参与企业经营活动中，或自主创办公司促进技术成果转化，适用于高尖端技术的应用。

5. 高等学校技术转移的合作联盟模式

高等学校技术转移的合作联盟模式，是一种有多方参与的专门组织机构，其中政府发挥主导作用，高等学校和企业根据自身意愿决定是否加入，这种技术转移模式旨在推动高等学校与地方之间的协调和合作，推动区域经济创新和发展。

高等学校技术转移的合作联盟模式主要是以政府为中心，以所有企业和所有高等学校为对象，构建多领域、全面性的服务型平台。高等学校技术转移的合作联盟模式的突出特点是整合相关的资源、促进校企合作和实现校企优势互补，实现高等学校和企业之间的沟通交流，促进技术成果转化和推动区域经济发展。

4.2.2 高等学校技术转移的经验与启示

1. 高等学校技术转移组织机构的建设

根据国家知识产权局调查数据，我国高等学校在知识产权运营管理工作上，对知识产权运营管理组织机构建立的重视程度和水平归类，主要可以总结为以下三种方式。第一种方式，是建立独立的高等学校知识产权运营管理组织机构，这种方式体现了高等学校对知识产权运营管理工作的高度重视，目前在我国的高等学校知识产权运营管理中，占比约为五分之二；第二种高等学校知识产权运营管理方式，是建立可以有效监管的知识产权运营管理组织机构，这种方式体现了高等学校对知识产权管理工作的一般重视，在我国的高等学校知识产权运营管理中，占比约为五分之二；第三种方式是尚未建立高等学校的知识产权运营管理机构，这种情况是高等学校尚未意识到知识产权管理工作的重要性，或是高等学校科研能力不强等，知识产权的运营与管理还处于初级阶段，占比约为五分之一。

而且，在我国的大多数高等学校知识产权运营管理工作中，技术转移只是其中一部分的工作任务和工作内容。所以，大部分高等学校更不可能单独成立技术转移组织机构。由于高等学校对知识产权运营管理重要性意识不够，以及对技术转移不重视等原因，国内大多数的高等学校，产生高质量的技术成果较少，难以推动技术成果市场化和实现技术的潜在收益。

通过分析总结国外的高等学校技术转移模式来看，国外高等学校一般都会设置专门的技术转移机构，例如前面提到的美国斯坦福大学技术转移办公室、英国牛津大学 Isis 创新有限公司和日本东京大学产学研合作组织体系等。各个国家高等学校技术转移组织机构有明确的工作定位，职员职责明确、分工明确。

因此，我国高等学校应当学习国外高等学校优秀的技术转移模式，根据自身特点，依据相关法律制度，建立专门的运营管理技术转移组织机构，为高等学校的技术转移提供更完善的服务，为促进社会经济发展和科技进步贡献应有的力量。

2. 加强高等学校技术转移专业化人才队伍建设

目前，我国高等学校知识产权运营管理的专业人才十分匮乏。从运营管理人员数量看，当前在设有知识产权管理组织机构的高等学校中，对于建立独立知识产权运营管理机构的高等学校来说，其运营管理人员在 2 人以上的占比只有五分之一；对于建立具有监管职能的知识产权机构的高等学校来说，其运营管理人员在 2 人以上的占比也不到五分之二。

从我国高等学校运营管理人员教育背景来看，在从事专利等知识产权研究的科研人员当中，本科学历占比将近二分之一。其次，专科及以下学历占比为五分之二，硕士学历占比才只有十分之一左右，博士学历更是屈指可数。与国外高等学校知识产权运营管理人才相比，我国的人员素质有很大的进步空间。

因此，我国应加强知识产权运营管理与技术转移，建设专业化人才队伍，为知识产权运营管理工作提供服务。建议我国高等学校技术转移运营管理组织机构在聘用员工方面，综合考虑人才的学科背景、实际工作经验等，同时对技术转移工作人员经常安排专业的在岗培训，提升职业素养。

3. 加大高等学校技术转移投入，吸引资本投资

在技术转移运营管理的工作中，国外高等学校每年都会产生大量的技术转移成果，这与政府对高等学校技术转移运营管理工作的政策支持和大量的资金投入有关。同时，在政府资金的示范作用下，社会资本也会不断地投入到高等学校中。

近年来，我国科学技术研发投入大幅提升。据教育部统计数据显示，2017年，我国高等学校科技的研发投入，应用费用拨入合计约为1 033.99亿元，科技服务费用拨入合计约为828.83亿。我国在国家战略层面上，还设置了技术转移的专项基金，为国家技术转移运营管理工作提供了更好的资金支持，大大提升了国家技术转移组织机构的运营能力。

但是，目前我国针对高等学校技术转移运营管理的专项基金，暂时还没有设立。高等学校是国家科技创新的高地，是推动科技进步的重要力量，是完善国家科技创新体系的核心。所以，促进我国高等学校技术转移运营管理专项基金的建立，是推动国家创新驱动发展战略实施的重点任务，建议设立专利技术转化运营管理基金，同时引导更多的社会资本投入，鼓励专利等知识产权的技术转移成果资本化、市场化运作，推动高等学校专利等知识产权的技术转移。

4.3　高等学校技术转移的运行机制和实践

4.3.1　高等学校技术转移的基本运行机制

从各国高等学校的技术转移实践中，我们可以总结出，目前的高等学校技术转移运行机制主要包括：高等学校技术转移的驱动机制、高等学校技术转移的消化吸收和再利用机制、高等学校技术转移的信息传递机制三个方面。

1. 高等学校技术转移的驱动机制

高等学校技术转移驱动机制是由高等学校、企业、政府和中介等多方面力量相互协调来实现技术转移的动力来源机制。从抽象的角度来观察，各国高等学校的技术转移实践，是何种力量推动技术转移不断持续前进？我们可以从前面相关的各国高等学校的实践工作中进行归纳与总结。

在 1979 年，日本学者斋藤优首先提出了 NR 假说理论，N（Need）代表需求，R（Resource）代表资源，两者之间相辅相成，是驱动技术转移运行的重要核心。从国家层面讲，每个国家情况不同，针对资源不足的国家，需要提高技术发展水平、改善生产工艺等手段来降低生产成本、改善资源不足的情况。然而，针对资源充足、技术水平稍微欠缺的国家，如果引进和转移技术的效益高于自我研发时，更优的选择就是引进外来的技术，促进国家科学技术的发展。此时，前者是资源需求者、技术成果的提供者。后者正是相反，提供资源、需要技术层面的提高。在资源和技术需求供给上，双方相互合作来弥补对方的不足，共同推动国家和地区的发展，实现最大的社会效益，使技术转移的水平达到一个更高的台阶。

NR 假说的主要研究对象，虽然是国家与国家之间的技术转移，但技术转移运行的方式都有互通之处，高等学校的技术转移驱动机制，可以吸取其成功的经验，根据自身所处的环境，进行调整、改变，推动高等学校技术转移发展。

针对高等学校技术转移的驱动机制，高等学校所扮演的角色，类似于资源不足的国家，拥有丰富的技术和方法，可以创造社会所需求的高新科技，但其在生产经营方面，如市场营销、设备与人员管理等资源匮乏，与其拥有的高新技术不成比例；在该种形式的驱动机制中，扮演资源充足国家这一角色的是企业，因为研发人才资源集聚程度、发展时间要素与侧重点不同等原因，企业的研发和开拓能力欠缺，需要大量高新技术的供给。双方相辅相成，其形成的 NR 关系，是高等学校技术转移达到更高阶梯的动力源泉。

只有高等学校和相关企业两个要素，就可以形成一个完整的高等学校技术转移驱动机制吗？答案显然不是。高等学校技术转移的驱动机制应该主要由高等学校、企业、政府和技术转移中介组织机构四个部分组成，他们之间相互协调合作，共同促进高等学校技术转移工作的开展。

政府主要采取出台相关法律法规、落实相关战略以及建立合理的制度体系等手段，营造了一个良好的技术转移环境和氛围，促进高等学校技术转移工作的开展。

高等学校扮演的角色主要是知识产权和技术的供给方，它可以提供具有巨大吸引力的新兴技术和科研成果，通过技术转移的方式，转移给技术需求方，也就是相关的企业。

相关企业一方面利用所获得的技术成果，高效率使用资源，创造更多的收益；另一方面又提供科研资源给高等学校，使其在充足的资源下，更好地创造科研成果，形成更多有效的使用价值。

最后，技术转移中介组织机构相当于关节，串联在驱动机制的每一个衔接部分，使技术转移的驱动机制稳定且高效地管理与运行。

2. 高等学校技术转移的消化吸收和再利用机制

对于高等学校的技术转移工作而言，它并不是一蹴而就，也不是一劳永逸的，而是一个往返螺旋式上升的发展过程。按照技术需求者的相关要求，高等学校推出与其要求符合的技术成果，该技术成果作为引进的技术，会被使用者完完全全地吸收和掌握，并达到比葫芦画瓢、模仿和效仿的地步。随着技术成果一次次的应用，使用者可以通过长期的研究，对技术成果进行改造和提升，使技术成果一步步地变得更加完善。这一系列的过程，就是消化、吸收、再利用的过程，从而使技术成果得到再次的创新。

高等学校实施技术转移的重要环节之一是消化、吸收、再利用。所以消化、吸收、再利用的能力，影响了高等学校技术转移效率的高低。哪些因素能决定消化吸收再利用的能力大小？研究发现，人才、资本和技术这三者是影响消化、吸收、再利用能力大小的关键，三者相互合作，能更好发挥消化、吸收、再利用的能力。

万事以人为本，高等学校拥有优秀的科研队伍，就拥有了搭建创新研究高楼的地基，再加上富有经验的技术转移运营管理人员，就是拥有了高楼的设计图纸。在技术转移的运营管理过程中，科研团队需要更充足的研发资金，才能进行深一步地开发研究，企业的日常运营和人员管理，也需要大量的资金维持日常的运作管理，在消化、吸收、再利用过程中，合理分配与运用获得的资金是重要的制度安排。

高等学校供给的知识产权与技术成果，与企业需求方需要的技术成果，可能不是完全吻合，这时就需要高等学校进行一定的调研，摸清"市场需求"，根据外部需求确定下一步的研发方向，提高转化率；相关企业在引进技术成果后，必须完全掌握技术成果，依据企业能力对技术消化、吸收、再创造，使科研成果更加完善，提升高等学校的技术转移效率。

3. 高等学校技术转移的信息传递机制

技术转移的信息在高等学校内部开展有目的的传递，对于实现高等学校的管理和人才培养目标、管理决策层做出科学决策，具有重要的推动和促进作用；对于提高管理效率、形成良好校园人际关系，促进和谐校园建设、加强管理者与师生间交流，缓解他们压力、增强师生归属感和信任感，以及激发他们创新、积极向上性等方面也都具有重要的作用。

从狭义上讲，高等学校的技术转移，是指高等学校输出和转让所研发的高新技术成果，相关的企业引进与自己需求相匹配的供给技术成果。在做某些决定时，有用的信息具有很大的参考价值，所以建立高效的信息传递机制，对于高等学校十分重要，是决策制定的最根本的，也是最重要的环节。

依据技术转移信息的输出和引进，将信息传递机制分为两部分。第一部分，在高等学校与企业还没有接触时，存在一定程度上的信息差距，可能会导致供应与需求不对等，针对这种情况，需要第三方的出现，搭建一个可供交流沟通并提供外部市场相关信息的平台。该平台的出现可以解决信息不对称的问题，让高等学校与企业在技术转移开始前，就可以相互交流，依据外部市场的发展趋势制定或微调科研方向，做出恰当的选择。第三方中介组织机构的存在，使信息传递机制很好地运行。

第二部分，当高等学校已经和相关企业达成协议，开始了技术转移的过程，为了加快相关企业的消化吸收技术成果、稳固技术转移的实施，两者更应该加强信息传递来好好吸收消化利用该技术。信息传递到位，双方的效益会更高，避免了信息不对称引发的风险和损失。

4.3.2 以美国高等学校为例的技术转移机制

关于技术转移机制的研究与实践，美国开始涉及得相对较早，有许多经验值得我们学习借鉴。例如，美国制定的相关法律法规，在提出和构建的技术转移运营体系等方面，还是有很多需要我们了解、学习和吸取的经验。

我们可以从体系、环境和机制这三方面，来分析和总结美国高等学校技术转移的运行机制。

1. 美国高等学校技术转移体系

高等学校的实验室、高等学校的技术转移办公室、政府、孵化器和相关企业，是美国高等学校技术转移体系的构成主体。其中几部分相关单位与部门关联的关系架构，如图4-2所示。

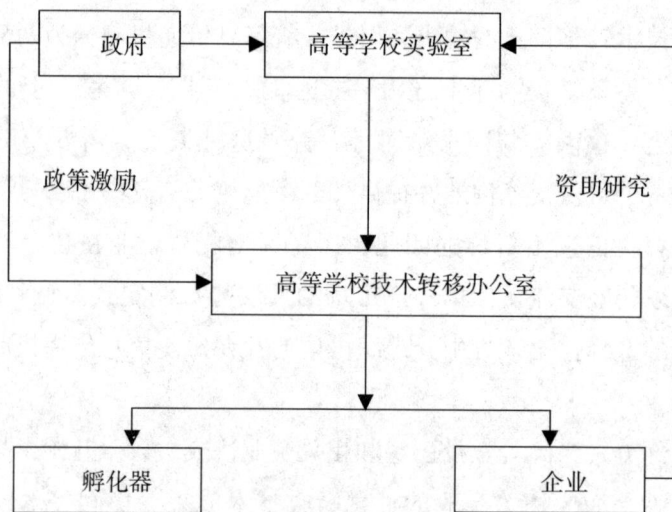

图4-2 构成要素关系图

高等学校的实验室，接受来自政府和企业等多方的研究资金，将其作为研发新兴技术的动力源泉，提供相应的技术成果给需求者；政府不仅仅资助研究资金给高等学校的实验室，还建立并实施一定的激励和奖励的政策和制度，可以强有力地催化和推动高等学校技术转移的快速发展；而高等学校的技术转移办公室，类似于高等学校实验室的公关团队，在政府的大力支持下，对高等学校实验室提供的技术成果进行整合和包装，使其商业化后转移到需求者手中；高等学校的技术转移孵化器则类似于每个地区的科技园，孕育或接受刚成立、不成熟的创新创业型企业；相关企业作为需求方，引进由高等学校技术转移办公室推出的技术成果，并消化吸收，并且资助高等学校的实验室进行研究，相互交流学习，将知识产权和技术成果进行再创新，一步步完善和提升。

2. 美国高等学校技术转移的政策环境

高等学校的技术转移工作能够有良好的提升和发展，离不开政府当局的大力支持。美国也不例外，为了提高技术转移的效率，促进经济社会的快速发展，美国政府制定了一系列的法律和法规，来推动高等学校技术转移的实施和推进。

在推动技术转移发展的道路上，美国联邦政府在 1980 年制定出台的《拜杜法案》，做出了不可忽视的重要贡献，影响极其深远。随后在1995 年制定出台的《国家技术转移和提升法案》，以及在 2014 年制定出台的《美国竞争再授权法案》等法案和文件，都对美国高等学校技术转移的发展，做出了不可磨灭的贡献。

美国在 1980 年后，在技术转移支持和保护方面，陆续制定和颁布了一系列法案，保护和规范高等学校的技术转移工作，制定的具体法案和文件，以及出台的具体内容，如表 4-1 所示。

表 4 - 1　美国高等学校技术转移政策汇总

政策（法案）名称	主要内容简介
1980 年技术创新法案（史蒂文森·威德勒法案）（P. L. 96—480）	通过指导联邦实验室促进联邦拥有和发明的技术转化到非联邦部门，确立技术转移为联邦政府的使命
1980 年高等学校和小企业专利程序法案（拜杜法案）　（P. L. 96—517）	允许小企业、高等学校和非营利组织获得联邦经费开发的发明的权利。还允许政府拥有和政府运行的实验室授予独占性专利权给商业机构
1984 年专利和商标明确法案（P. L. 98—620）	进一步修订《史蒂文森·威德勒法案》和《拜杜法案》，涉及使用专利和许可执行技术转移
1986 年联邦技术转移法案（P. L. 99—502）	使得联邦实验室能够联合外部当事人一起进入合作研究和开发协议（CRADAs），谈判实验室产生发明专利的许可
总统行政命令 12591，促进有权使用科学与技术（1987 年 4 月）	里根总统发布，这一行政命令寻求确保联邦实验室执行技术转移。
1988 年综合贸易与竞争法案（P. L. 100—418）	主要关注在公私 R&D 伙伴、技术转移和商业化合作，此外还涉足贸易和知识产权保护。在国家标准与技术研究所（NIST）设立制造业延伸伙伴（MEP）计划
1989 年国家竞争性技术转移法案（P. L. 101—189）	修订联邦技术转移法案扩展 CRADAS 的使用，包括政府所有合约者运行的联邦实验室，并增加非披露规定
1992 年小企业创新发展法案（P. L. 102—564）	对现有的 SBIR 计划再授权，同时增大 SBIR 在机构预算的占比和项目的最大金额。还设立小企业技术转移（STTR）计划，增强政府拥有承包人运行的联邦实验室和小企业、高等学校及非营利机构伙伴间合作研究机会
1993 年国家合作研究和生产法案（P. L. 103—42）	放松合作生产活动限制，使研究合作体能够通过合作共同获得技术

续表

政策（法案）名称	主要内容简介
1995 年国家技术转移和提升法案（P. L. 104—113）	修订《史蒂文森·威德勒法案》使得 CRADAs 对联邦实验室、科学家和私营企业更有吸引力
2000 年技术转移商业化法案（P. L. 106—404）	放宽 CRADA 许可权力，使这类协议对私营产业更有吸引力，加大联邦技术的转化。设立有联邦实验室的机构技术转移绩效报告要求
2007 年美国 COMPETES（为有意义地促进一流的技术、教育与科学创造会法）法案（P. L. 110—169）	授权增加 R&D 投资；加强从小学到研究生层次的科学、技术、工程和数学（STEM）的教育；进一步提升国家的创新基础设施。创立先进能源研究计划署（ARPA‐E）促进和资助先进能源技术 R&D；还要求成立"总统的创新和竞争力理事会"
2010 年美国 COMPETES 再授权法案（P. L. 111—358）	更新 2007 年美国 COMPETES 法案，授权在随后的 3 年提供额外的资金支持科学技术和教育计划。许多规定旨在切实巩固美国经济基础，创造新工作，以及提升美国的海外竞争力
总统备忘录，加速联邦研究的技术转移和商业化支持高成长企业（2011 年 10 月）	由奥巴马总统发布，这份备忘录指导联邦部门和机构多种行动，包括设立目标、测度绩效、优化管理流程以及推动地方和区域伙伴计划，以加速技术转移并支持在私营部门商业化

3. 美国高等学校技术转移的机制研究

美国高等学校技术转移水平的提升与发展，是一步步探索和完善的过程。在不同时期，面临的问题与机遇不同，所以，针对高等学校技术转移的发展战略，是依据当时的情况制定的。例如，面对外部市场是否足够稳定、相关的知识产权是否明确等现实情境和问题，依据相关的现实条件，可以将技术转移的发展分成四个阶段：高等学校技术成果的早期研发、高等学校技术成果的相关概念证明、高等学校技术成果的试验阶段与高等学校技术成果的标准化生产阶段。

那么，什么因素会影响高等学校技术转移策略的制定呢？研究发现，美国高等学校的研究经费预算、高等学校的办学目标和相应的发展环境等因素，会直接地影响到技术转移策略制定。这些有关的影响因素，都会由高等学校技术转移办公室（UTTO）来逐一地面对。

现在，美国的高等学校的技术转移办公室，实施和开展技术转移工作，主要以赞助研究许可、权益许可及现金许可这三种许可政策为渠道，把高等学校技术成果交给相关的技术需求方企业。以上三种许可流程可分别参考图4-2、图4-3、图4-4所示。

资助研究

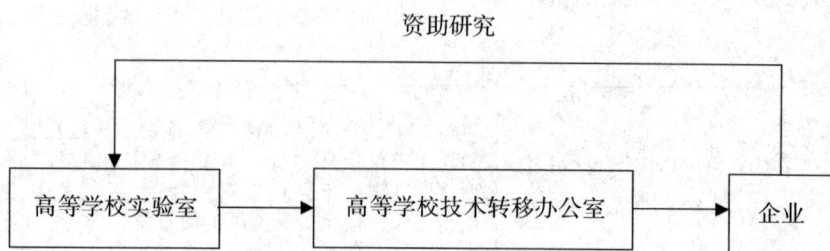

图4-2 赞助研究许可流程图

公司股权

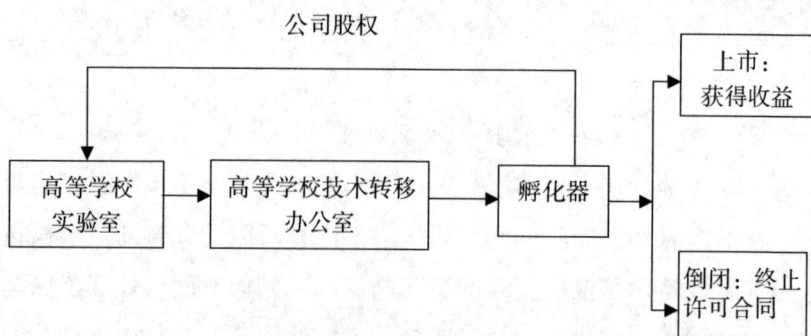

图4-3 权益许可流程图高等学校

现金许可

| 高等学校实验室 | → | 高等学校技术转移办公室 | → | 企业 |

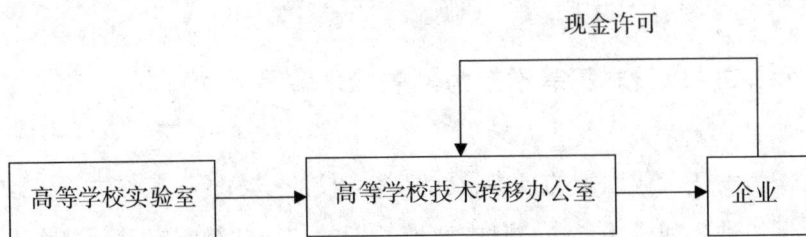

图4-4　现金许可流程图

　　随着美国高等学校的技术转移规范措施变得越来越严格，高等学校技术发展阶段也相应随之改变，从早期研发阶段开始，经历了概念证明和实践阶段，最后到标准化生产阶段。现在，处于正在开发阶段的中间技术，一般以赞助研究许可、权益许可及现金许可等权益许可的方式，转移到相关的需求方企业手中。

　　相关的目标企业也随着面临的法律风险不同，经历不同的发展阶段。当技术规范提升，企业面临的风险会相对减少。观察和分析美国高等学校的技术转移机制，我们可以将美国高等学校技术转移机制，从技术发展的阶段、技术转移发展战略、目标企业类型三个维度，进行整体的分析和归纳，可以由图4-5简要地描述总结和说明。

技术发展阶段	技术转移策略（技术许可）	目标企业类型
早期研发	赞助研究许可	成熟企业
概念证明	权益许可	创业企业
实践阶段		
标准化生产	现金许可	成熟企业

（左侧：低　技术规范　高；右侧：高　法律风险　低）

图4-5　美国高等学校技术转移机制概述

4.3.3　以日本高等学校为例的技术转移驱动机制

作为发达工业国家的日本，在高等学校的技术转移工作方面，取得了长足的进步和成功。这与日本政府长期的法律法规、制度保障以及运营管理服务等体系和机制建设方面的长期努力是分不开的。

日本政府在高等学校技术转移的支持和保护工作中，从 1998 年开始，陆续颁布和出台了《高等学校等技术转移促进法》，1999 年颁布和出台了《产业活力特别措施法》，以及在 2004 年颁布和出台了《国立高等学校法人法》等保护和保障性的法律法规。

伴随着日本在技术转移方面的法律法规以及制度和政策的逐步完善，日本高等学校技术转移取得了很多关键性的进展。例如，日本政府明晰了知识产权与技术成果的所属权，将高等学校和科研机构的自主知识产权在技术转移中的所属权也进行了明确的界定。日本在知识产权保护与技术转移的进程中，借鉴了美国的《拜杜法案》的基本原则和思路，在科学技术成果转化方面展开了立法与政策的制定，一些主要立法活动甚至要早于美国，如《科学技术进步法》（1993 年）、《促进科技成果转化法》（1996 年），然而中国的高等学校技术转移事业却依然发展平缓，其中原因值得思考。

高等学校向相关企业进行的技术转移，包含了两种文化价值不同的主体间的交流和沟通，产业技术的革新和发展，就孕育在技术转移和交流沟通的全过程中。高等学校技术转移工作，以技术转移组织机构为媒介，有力地促进了高等学校、研究院所、相关企业等主体之间的技术信息层面的交流与合作，实现了知识与科学技术的商业化、产品化，推动了产、学、研的协同发展。

美国高等学校在第二次世界大战之前，就开始广泛地开展了知识产权和科学技术转移的实践活动。而日本的高等学校同期在此领域的工作，还没有进行实质意义的实施和进展。由于日本在经济社会发展、历史背景以及制度文化等方面存在的差异，在第二次世界大战的技术转移模式和发展道路上，虽然借鉴了美国的成功经验，但并没有完全照搬美国以《拜杜法案》为基石的技术转移体系和机制。在技术转移机构的发展模式和方式、规则制度改善和提升、手段和工具的采用等方面选择与实践中，日本都付出了诸多的努力，积淀了丰硕的成功实践经验，有效地促进了日本高等学校技术转移的快速发展。

在1998年日本颁布的《高等学校等技术转移促进法》（日本简称 TLO 法）中，明确提出了日本高等学校的技术转移部门，可以从政府获得技术转移活动经费和专家派遣等方面的资金资助和扶持。但是，日本国立的高等学校作为国家机关，没有独立的法人资格，因此大部分股份制的技术转移办公室，最初均由高等学校的研究人员投资设立和运营管理，然后将专利等知识产权的许可收益捐助给高等学校。

日本的高等学校技术转移办公室，为了确保运营经费的充足，大部分的股份制技术转移办公室，都会选择采用会员制度，主要从作为会员的科学研究者个人手中，转让获得知识产权与发明成果。由于会员制度大大地限制了高等学校技术转移办公室的业务数量和经营范围，自然也大大降低了高等学校技术转移的效率，限制了技术转移办公室自身的发展。

《高等学校等技术转移促进法》颁布和实施的第二年，日本又颁布和出台了在技术转移工作中，更加明晰和具体的《产业活力再生特别措施法》。虽然在法律规范中，该法案进一步明确了政府资助项目所取得的知识产权归开发者所有的原则和内容条款，即作为知识产权和科技成果的开发者的高等学校，对于运用国家经费，进行共同研究所取得的知识与成果可以拥有所有权。但是，在后续的技术转移运营的实践中，由于日本的国立高等学校实质上没有独立的法人资格，因此，并不能完全对政府资助项目所取得的知识产权和科技成果进行自主管理，某种程度上，也限制了高等学校技术转移的积极性，高等学校的技术转移的成效也受到了一定程度的影响。

基于以上问题，在2003年，日本进一步对于高等学校的知识产权权属以及技术转移环节的权益问题，进行了更加明晰的规范和细化，使日本高等学校技术转移的运营管理工作更加完善和提升。

到了2004年，日本又颁布和出台了《国立高等学校法人法》（又称《独立法人法》），日本高等学校的技术转移的格局产生了深刻变化。日本的高等学校在技术转移管理实践中，得到了以独立法人资格和保护的知识产权自主独立的运营与管理的资格，相关的技术转移收益，也完全由高等学校自主支配和管理。

日本政府《国立高等学校法人法》的颁布与实施，从产权和权益的根本属性角度，完全地解放和极大地促进了日本高等学校技术转移活动快速开展和提升，高等学校和技术转移办公室都拥有了更多的自主权和创新源驱动的动力。随之，作为知识与科技成果主要创造者的高等学校与技术转移办公室双重快速健康发展，使得日本的《大学等技术转让促进法》等法律、法规政策的可操作性得到细化与强化，日本高等学校技术转移真正意义地迈入了正轨。

如上所述，日本高等学校设立的技术转移办公室，作为技术转移运营与管理的主要平台，在技术转移办公室的设立与发展过程中，发现问题和解决问题，在日本颁布的一系列相关的保护和支撑的法律法规的基础上，逐步构建并完善相关的制度基础，以及日本高等学校自身的运营管理的规则、体制，以技术转移的工具与手段的先行方式，带动和反向促进着技术转移的相关管理制度的完善和提升。

与美国在进行管理机制与管理制度安排的活动中，先行颁布和实施的《拜杜法案》，促进知识产权相关规则的进一步完善以及技术转移机构的设立、发展的发展路径进行横向对比，发现日本则采取了以一种与之相反的高等学校技术转移模式，与日本社会发展的特定社会环境和历史阶段的特点相契合，且取得了巨大成效。

具体地讲，日本的高等学校在技术转移过程中，逐步从不同的方面完善和构建了相关的驱动机制，尤其值得我们进行学习、总结和借鉴。

1. 日本高等学校技术转移过程中的规则制度环境完善与构建

（1）重构高等学校的政府资助研发成果产权归属制度

日本为了提升国家整体的科技水平，较早就开始支持各种科研组织，尤其是高等学校内部的科学技术研究。因此，很多高等学校在国家相关组织的支持和资助下，大力投入相关的资源积极开展各种科研活动，持续地成功向国家输出基础性和应用性的各种知识产权与科研成果。

为什么说是向国家输出呢？这是由日本当时的知识产权与科研成果归属制度决定的。关于高等学校所承接的各种类型的国家项目，在国家整体资助下进行的研究，高等学校所得科研成果归属于国家所有，而不是其个人或组织的所有物。国家收取相关知识产权的成果之后，将会考虑高等学校的贡献，给高等学校内主持和参加研发此项目的科研人员，发放使用该成果的知识产权的许可证书。但是，高等学校的科研人员仅仅是在获取该许可证书时具有优先权而已。

因为国家层面规定，可以将该类知识产权的成果向大众开放，即也会让他人有偿或无偿地使用。在后续的技术转移运营与管理实践中，日本对此规定又进行了改进，赋予了高等学校知识产权和科技成果的直接研发人员有更多的使用和技术转移的权利。例如，高等学校知识产权的研发人员能够根据该知识产权成果进行创业等活动。

在1999年，日本再次对相关的高等学校知识产权和技术成果的转移规则制度进行了相应的改进，这是一次大跨步的改进。明确地提出了高等学校承接的国家项目获得的科技成果，知识产权属于进行科学研究的高等学校。同时，在高等学校用其成果申请专利等知识产权时所需的相关费用支出，以及申请下来之后需要支付的专利、软件著作等知识产权的年费等费用，可以根据相关政策进行减免。

（2）构建和完善了高等学校技术转移组织的运行制度

在1998年，对于高等学校已获得的较多科研成果，日本为实现这些科研成果的真正价值，以及推动该类知识产权与技术成果的技术转移，制定了相应的规则和制度。

其主要中心思想是：让日本高等学校本身建立相关的转移组织，运营、管理和推动科研成果的转化过程。同时，国家会在组织机构运行所需要的人才和资本方面给予大力的支持。国家不仅考虑直接给予其资金支持，还会在相关制度方面，为其获得运营资本降低门槛和难度。相关政府推出的各类政策，都推动了高等学校专业技术转移组织的快速提升和发展，更加规范了技术转移的方式和进程，推动了高等学校研究成果向市场的有效转移。

（3）日本国立高等学校体制改革

相关法律法规的严格要求，基本确立了日本高等学校技术转移的制度基础和运行机制。可是，由于高等学校内的科研主力的构成，主要是个体的研究人员，而不是学校本身，因此知识成果的专利权把握在学校内的个别研究学者手中，对知识产权成果的相关处理，比如技术转移等都只能由高等学校的研究人员个体做决定，无法让学校根据自己的意愿进行转化。而根据校内学者个人的实际情况观察，很少有人能够靠一己之力，完成自身所拥有的知识产权的有效转化。所以，造成大多数高等学校的科研人员，不会主动积极地选择将它们的科研成果进行面向外部市场和真正需求的技术转移。

因此，日本在 2004 年开始，提出和鼓励国内的高等学校具有独立的法人资格，让高等学校自身掌管校内的各种研发组织、技术转移的运营管理机构等，不仅提供相应的研发知识产权成果，也负责将其进行技术转移和技术的推广。这些制度改革，让高等学校整体统筹负责技术的研发和成果的运营管理，正向推动高等学校的知识产权与研究成果，向市场进行有效运营与转移。

2. 日本高等学校技术转移的政策导向机制

（1）鼓励高等学校开展创立相关知识产权和技术成果衍生企业的政策导向

日本在剖析了其产业竞争力的整体下降的情况之后，提出了"促进日本企业竞争力成长策略""创造 21 世纪新市场策略"等应对的策略。并通过研究发现，高等学校自身的衍生企业，是维护国内产业竞争力的核心力量。

因此，日本在随后制定的"平沼计划"中，提出了大量培育高等学校衍生企业的相关政策。这里我们所指的衍生企业，主要有以下四类：主要通过高等学校获得知识产权的技术转移型衍生企业；主要通过高等学校获得非单一专利的成果的非知识产权的技术转移型衍生企业；由高等学校的人员合作创办的人才转移型衍生企业；提供科研成果的高等学校，还在资金、设备等各方面提供帮助的出资型衍生企业。

（2）加强高等学校与相关企业间技术转移的紧密联系

加强高等学校技术转移中各主体组织机构的联系紧密度，避免高等学校等组织机构提供的科研成果，对相关企业来说，不存在市场价值或很难被市场化利用，以及相关企业等组织机构所需要的科研成果在技术研究、技术验证、市场化推广等方面是不合理的，根本无法在学术上进行实际的研究。

因此，日本政府运用相关的技术转移组织，紧密联系相关的主体组织机构，以便加强理论的研究、概念验证、市场化推广与运用各方面的紧密连接，增加两方面的契合度。加强各方合作，高等学校可以更好地了解相关企业的真实的需求，并根据自身所了解的知识与企业沟通，得出具有可行性的需求分析，以此进行科研获得相应成果。

将高等学校知识产权与科技成果转移到相关的企业之后，企业可以根据自身之前对竞争市场进行的调查分析，以及自身所具备的技术能力，对理论成果进行市场化商业化，并且挖掘出该成果所包含的潜在价值。保证在各方各司其职做好自身的任务之后，就能够很好地协同合作，推动技术转移过程的完成效率和质量。

3. 日本高等学校成熟的技术转移组织（Technology Licensing Organization，TLO）

（1）灵活多样的组织机构形式

日本的高等学校并不是只能够实行单一的技术转移组织机构模式，其成熟的技术转移组织机构，首先表现在可以适应具有多种组织机构模式的技术转移活动。高等学校同时也可以根据自身的实际的情况和发展的需求，匹配合适的组织机构模式进行技术转移活动，它们可以在以下三种模式中进行选择。

高等学校内部组织机构型技术转移机构模式，是高等学校的附属组织机构，不具有独立性，其所需要的各种设备、人才等资源都要来源于学校。因此，它们不仅要负责相关研究的进程管理，还要负责知识成果的专利化以及商业化。该类模式方便高等学校运营管理。但是，由于人才的来源可知其所需的具有专业性的员工是很稀缺的。

高等学校单一外部组织机构型技术转移机构模式，是由高等学校作为法人成立的公司，它们具有特定的服务对象，没有广泛的受众。公司成立的目的，就是帮助这些特定对象进行技术转移。此类技术转移组织机构，仍然在高等学校的控制之下，但是组织机构自身也具有一定的决策权，以及一般具有相关的知识产权运营与管理专业员工，在技术转移的过程中能够比较熟练地完成任务。

与前两种组织机构模式在本质上存在差别的是：广域外部组织机构型技术转移组织机构，它们不是为单一或者特定的高等学校服务的，而是面向众多的在技术转移方面有需求的相关组织机构，具有宽广的受众群体，能够更好地维持自身运营，并更快速地推动国家层面的技术转移进程。

（2）合理的技术转移利益分配机制

日本高等学校在对科研成果进行技术转移之后，将会获得该技术成果所包含的商业价值，这也是对高等学校内，进行科技研发和致力于技术转移的一种激励。但是，这是在知识产权价值所带来的利益能够被比较均衡分配的前提下的。在从知识成果的研发，到其转移和市场化获得利益的整个过程中，最应该获得较多产权利益的，应该是最初的日本高等学校科研人员。所以，在进行利益分配时必然要保护好高等学校科研人员的利益。

日本的制度安排，在这一方面做得就很好。在获得技术转移商业利益之后，除去高等学校在整个运营管理过程中的消耗，将最终的利益分别分配给研发人员和学校，或者是日本高等学校的研发人员、其所在学院和学校。在这两个或三个主体之间进行技术转移利益分配的时候，高等学校会将最大份的利益分配到最初的科研人员的手中，不仅为保护其权益，更是为激励其进行更好的科研，正向推动国内技术转移的进程。例如，日本东京大学的技术转移组织机构，在知识产权成果的转移收入中，东京大学作为法人主体收取30%的平台费用，高等学校的发明人的分配比例为28%，而高等学校的系所和学校各为21%。

（3）专业的团队和充分的市场化运作

由于日本高等学校内拥有非常专业和充分的人才供给，包括具有相关专业技术知识的员工和熟悉知识产权相关知识的员工，以及能够为其处理相关的法律事务的专业人员，还有部分从事行政事务的职员，充分而有效地运营管理该组织机构承接的技术转移工作。

同时，虽然日本技术转移组织机构的组织形式可能存在一些差异，但是其具有相应的规则，能够系统地调控各个组织机构负责的不同技术转移的工作流程的规范性。并且，高等学校的技术转移组织机构能够清晰地了解市场机制，更加明确该类工作的产品推广等市场化运作方式，能够更高效地完成其所负责的技术转移工作。

4.4　中美高等学校技术转移效率对比研究

作为国家创新系统中研究层次最高、技术储备最丰富的领域之一，高等学校聚集了国家层面的、大多数的科学技术的研发资金，是高等教育教学和知识成果产出的重要组织。

但是，高等学校与社会合作企业之间的技术转移过程，存在一些固有的运行问题，主要原因有三点：一是高等学校由于绩效考核体系造成的片面的技术评估审核制度；二是高等学校存在不明确的产权制度；三是高等学校常常固守传统的、守旧的文化价值观。这些原因不可避免地造成了高等学校与企业之间的技术转移效率低下，进而限制了企业的技术革新。最终的结果，就是导致高等学校研究成果，还不能完全满足和匹配现今社会经济发展进步的需要。

在高等学校技术转移运营管理的研究方面，美国是最早开始的国家之一。最初是在 1912 年，作为标志性的技术转移活动，美国学者弗雷德里克·科特雷尔（Frederick Cottrell）教授发现了"抗静电污染"的科研技术成果，弗雷德里克·科特雷尔教授通过与相关企业技术转移和合作，实现了该知识产权的科研成果在商业应用上的成功。在此之后，为了更好地促进美国的高等学校技术转移运营与管理工作的进行，相应的法律政策在美国完成了从建立到修订到趋于完善的过程。其中，最典型的法规当属前面多次提到的《拜杜法案》的颁布和实施，该法案成功地保护和激发了美国高等学校进行技术转移工作的积极性。

完善严谨的法律法规和政策，加上鼓励创新发展的社会文化氛围和环境，使得美国的高等学校技术转移工作，一直处于世界发展的前沿，也为社会的进步做出了卓越的贡献。

由此，我们可以得出结论，为了加快改善我国高等学校技术转移的制度和文化环境，有效促进高等学校技术转移的发展与进步，从制度和文化两方面来对比研究中美高等学校技术转移效率的差距就显得十分必要。

4.4.1　制度因素

从制度影响因素的层面进行对比分析，中国与美国在科研评价机制、利益分配机制、法律制度等方面存在着较大的差异，中国高等学校的技术转移与美国相比，还存在一定的差距。

1. 高等学校科研评价机制

目前，我国高等学校评定教师的职称和聘用的标准，主要在发表论文数量、成果数量和获奖数量等量化指标中体现出来，而技术转移的数量和专利的授予比较少地被考虑在内。这些量化的指标和评价体系，使我国高等学校的价值导向发生了偏移，高等学校教师和科研人员大量的时间和精力被动地投入到完成这些精确的量化指标中，很明显，这对于学术研究和技术创新长远发展来说，是十分不利的，随之而来的，还有对进一步将知识成果进行技术转移兴趣和动力的降低。

与我们的高等学校形成鲜明的对比，美国的高等学校则更加注重全面衡量教师和科研人员的学术能力，把科学研究和教学表现结合起来，进而得到综合的评价，并不对教师和科研人员的成果数量和论文数量等做过多的、严格的量化要求。

如何能正确地引导高等学校教师和科研人员正确衡量科学工作？这里我们可以从前美国卡内基数学基金会主席博耶的"全面的学术观"找到答案。

可以看到，"全面的学术观"主要包括四个方面。首先是"发现的学术"，这是指我们传统上来讲的科研工作；第二个是"综合的学术"，是通过跨学科领域的研究，以完成对专业知识的综合衡定和发展；第三个是"应用的学术"，指科学研究成果的应用；最后一个是"教学的学术"，要求高等学校的教师和科研人员能够将教学能力放入考虑范围内。博耶的观点给美国学术界、教育界后续的发展带来了长远而深刻的影响。

2. 技术转移的利益分配机制

我们国家不明确的知识产权分配和不健全的利益分配机制，也是高等学校技术转移效率较低的原因之一。这不仅仅对于我国高等学校技术转移效率的提升不利，还直接削弱了知识产权和技术成果产业化的能力。2018 年，我国的《中华人民共和国科学技术进步法》修订版颁布和实施之后，进一步落实知识产权和技术成果的所有权框架和真正明确归属权问题，成为增加研究人员参与技术转移活动热情的关键。

美国高等学校在利益分配方面则具有更成熟的机制。在各个高等学校设立的技术转移办公室 TTO（Technology Transfer Office）制定的技术转移制度，在美国高等学校中的广泛推广，促进了高等学校转移收入的合理分配等，在技术转移活动中发挥了重要的作用。比较典型的成功案例如，美国明尼苏达大学规定知识产权技术转移后的利益比例为：发明人利益占比 1/3，大学保留其中 1/3，发明人所在系所占 1/3。美国各个高等学校也都明确规定了许可收入的分配比例。

3. 法律制度

我国《中华人民共和国科学技术进步法》在 2008 年正式颁布和实施，这无疑对高等学校的技术转移工作产生了极大的推动作用。但是，在保护知识产权方面，相应的执行层面的配套法规和文件还没有完善，知识产权保护方面的工作还存在较多的问题。高等学校教师和研究人员的知识产权和技术成果还得不到足够的维护，相应的研究人员技术转移的热情也会逐渐消减。

美国政府在《拜杜法案》颁布和实施之后，并没有停止脚步，一系列的力图推动高等学校技术转移的法律、法规、政策相继被推出。例如，《美国国家合作研究法》法案在 1984 年正式颁布和实施，鼓励竞争性技术的合作研究。接着在 2004 年，这种高等学校与相关企业之间的合作，得到了《美国发明法案》的大力保障和促进。有了这些措施，美国高等学校的技术转移得以飞速发展。

4.4.2　文化因素

1. 高等学校的文化影响

得益于较早的技术转移与发展，美国的相关研究和运营管理部门，对于技术转移和技术商业化活动具有较完备的实践经验和认识，美国联邦政府的鼓励措施有的放矢，卓有成效。这使得美国高等学校更加注重与相关企业直接的技术转移合作，高等学校的科学研究人员，也更倾向成为技术转移和转化的"企业家"。

高等学校内部的创新文化建设，对技术转移发展具有非凡的影响作用，这从美国维克弗莱斯特大学的技术转移工作经验中就可以看到。令人等担忧的是，我国大多高等学校对于技术转移活动的认识还不够成熟，技术成果商业化的意识还缺乏深度，"重成果、重数量、轻转移"的观念影响还较为深远，高等学校的技术转移文化不可避免地造成技术转移活动的成效与发展较为缓慢。

2. 企业的文化影响

作为推动高等学校技术转移活动的另一重要方面，美国的高等学校设立的科技工业区文化也是居功甚伟。这种科技工业区模式，依托科研能力突出的高等学校，通常以相关企业和高等学校在同一区域建设为主要的形式，从而构建一个制造生产、学习交流和科学研究相结合的综合科技园区。两者之间有效地依靠，彼此获得共同发展，需求互补。高等学校拥有丰富的科技创新资源，而相关企业可以提供先进的高新技术、明确的市场需求。企业可以在这种合作模式里，充分利用自身的规模优势和资金优势，占据市场的前沿，从而循环不断推动科技成果的转化和转移。

在这里，就不得不提到美国著名的"硅谷"工业园区，它无疑是全球最负盛名的高等学校科技工业园区。依托周边具有突出科研能力的斯坦福大学等高等学校和科研机构，硅谷成功地孕育了多家高新科技的公司和企业，这些公司的影响力也由此扩展到世界各地，著名的如谷歌、特斯拉、惠普、英特尔、苹果、思科和雅虎等公司和企业。

我国的高科技工业园区也在如火如荼地建设和发展完善当中，北京中关村高科技工业园区，就是以中国科学院、北京大学和清华大学等高等学校和科研组织为基础，组建和成就了一大批新型高科技企业，并吸引了更多的高新技术企业在此孵化和发展、获得新生。

我国经济社会的发展，在过去的高新技术园区的发展中，已经取得了长足进步，对于我国经济社会发展水平的提升，也做出了重大的贡献。但是，目前的我国的高科技工业园区发展，还处于初步的上升阶段，高等学校和相关公司企业之间的深度合作仍需要在合作方式、合作层级等层面继续深化、加强和扩大。

4.4.3 经验与启示

1. 优化高等学校科研的评价机制

对比中美的高等学校技术转移的实际情况，我们提出，要改变我国高等学校的结果导向，要革新评价体制机制，把重心放在科研成果的质量上，同时弱化量化指标占比，技术转移的指标要相应增加权重，从而推动我国高等学校技术转移工作的快速健康发展。

明确质量与成果并重，积极地培养高等学校的科学研究人员技术转移的意识，给予研究工作者更多的自主权，激发和激励高等学校教师的科学技术研究热情，为高等学校技术转移工作奠定深厚的基础。

2. 推进高等学校技术转移文化的传播

从美国高等学校技术转移的效率进行综合观察，可以清晰地看到，我国的高等学校技术转移工作起步较晚，技术转移的健康文化氛围还没有真正培育起来。因此，我国的高等学校需要加大先进的宣传教育打开技术转移工作的思路，激励高等学校与相关企业合作，采取相关的措施，给予相应的激励和奖励，让高等学校的科研工作者在技术转移中收获益处，也在收益中推动技术转移有利发展。

3. 增强企业对技术转移的理解

从中美高等学校技术转移的效率来看，我们更加需要在增强相关企业对技术转移的支持和理解，对于培养企业家的商业化精神方面，做更多的努力和提升。高等学校技术转移对企业的优势的提升，可以通过多方面来展现，建议借助网络、报纸、杂志等新闻媒体进行普及宣传，通过建立和运营管理高等学校科技园区，深化相关企业与高等学校之间的互动和合作，达到不断提高我国高等学校技术转移效率的目标。

4.5　国际高等学校技术转移实践启示与借鉴

1. 科学定位，促进我国高等学校技术转移运营管理组织机构业务的多元化发展

在剖析了日本、美国等高等学校在技术转移工作方面的成功案例之后，我们发现，许多地方都值得我国高等学校在自身技术转移过程中，认真学习、总结和借鉴。

第一，应该根据我国技术转移的现状，明确我国高等学校进行技术转移所运营管理工作中面临的难点，在相关规则制度的制定方面，帮助高等学校在资金和运营等方面渡过难关。

第二，借鉴日本、美国等高等学校的成功经验，并且根据各个高等学校的自身特点，形成不同模式的技术转移组织机构，帮助高等学校更加专业和快速高效地进行技术转移工作。

第三，在高等学校内，重视技术转移相关专业人员的供给问题，若是缺乏相关的技术、专利和法律相关的专业员工，即使构建了相应的组织机构，也无法达到帮助高等学校提高技术转移效率的目的。

2. 明确要求，优化我国高等学校技术转移组织机构的内部治理结构

关于技术转移组织机构的内部，是如何构建并进行治理这一问题，我们可以借鉴德国技术转移中心的做法。德国相关的做法，例如，成立于 1971 年的德国太白技术转移中心等组织机构，定位于技术转移服务组织，担当政府、学术界与工业界的联系平台，从各类型顾客的需求出发，致力于技术创新全过程的各阶段，提供全方位的服务，本着以顾客

利益为中心工作的首要目标，力求向顾客提供高效、灵活、非官僚主义的服务。可以与合作企业协调共赢，拥有效率高且更新及时的组织机构和活力满满的运营管理模式。这种做法对于我国的组织机构的建立，参考意义十分重要。

我国现有的两种技术转移组织机构，一种是由高等学校建立一个专门负责技术转移组织机构；另一种是通过高等学校的身份创办一个公司，由该公司实际负责该校的技术转移工作。后者虽然有名义上的专业运营管理组织机构，但实际上还是由高等学校下属的一个部门兼顾运营管理，导致该组织机构只有形式上的运行，不能真正地整合学校资源，追随市场的趋势与企业协调沟通，推动技术转移的发展。

所以，想要推动我国高等学校技术转移的健康发展，必须整顿好我国技术转移组织机构的内部搭建和运营，确定专人专职，让该组织机构具备真正与市场竞争的实力。

3. 推动合作，加速我国高等学校技术转移专业人才的培养

加强高等学校和企业的联系，建立合作共赢的同伴形式。高等学校培养的人才，不仅仅在高等学校接受专业知识教育，还可以在企业参加实践工作、真刀实枪地演练以及参与深层次科研工作。

将高等学校的培养技术转移运营管理人才任务，转化为公司和高等学校共同的工作目标，这样有利于加速人才的成长，提高学生的工作实力和培养工作素质。德国就运用了这种模式，并命名为"双元制教育"。高等学校和企业双管齐下，在达到技术转移目标的同时，又培育了大批经过专业化训练的技术转移运营管理人才。

成立一支专业素质极高、稳定可靠并且了解市场导向的专业技术转移运营管理团队，需要相关人员进行一系列专业的培训。开拓团队成员的格局，不能局限于本国的水平，要走向国际水平。

4. 创新制度，完善我国高等学校技术转移的评价与激励机制

如何结合我国的国情，建立与高等学校技术转移相配套的法制体系，是我国的立法机构亟待解决的问题，要为高等学校技术转移工作创建良好的法律环境，相关的法律、法规、政策需要被确立和完善。政府、企业和高等学校在技术转移过程中的利益关系、权利和义务需要被明确，法律要成为坚固的技术转移的制度保障。

5. 权责分明，明确高等学校技术转移后的利益归属

对高等学校科学研究人员的技术转移工作进行一定比例的奖励，可以有效地促进技术转移工作的有效进行，已经有先例可以参照和借鉴。例如，清华大学、北京大学等国内知名高等学校，就针对学校的科研人员的技术转移收入进行了量化的利益分配，占技术转移总收益的20%—50%，这有力地推动了技术转移的快速发展。

另外，高等学校技术转移的利益归属问题，如果可以由专门的组织机构来完成，技术转移工作的效率也会得到很大提升。考虑到我国的高等学校偏向于行政组织机构，专门的技术转移组织机构较少，因此，赋予相关组织机构更多的职能权利，去优化资源分配和进行利益分配，使其充分发挥技术转移功能，意义重大。

4.6　本章小结

本章聚焦国际高等学校技术转移的实践经验，对高等学校技术转移模式、技术转移体制机制以及技术转移驱动机制进行深入梳理和分析。通过对日本、英国、美国等高等学校技术转移的实践进行分析与研究，具体以美国斯坦福大学、英国牛津大学、日本东京大学为主要案例分析了国外代表性高等学校技术转移的经验和启示。并单独对比分析了造成

中美高等学校技术转移效率不同的原因，在制度、文化等多个角度对中美两国的高等学校进行了分析和研究，从而得出相应的经验与启示，为创立一套与我国国情相匹配的高等学校技术转移模式提供了参考和借鉴，并提出了相应的建议和对策。

本章通过对高等学校技术转移建设的意义和现状进行分析，提出了高等学校技术转移，是我国创新体系建设中不可忽视的要点，并且对社会的发展和技术进步具有重要战略意义。进一步在了解和分析我国高等学校技术转移现有状态的基础上，对高等学校技术转移运行机制和基本模式进行分析，提出高等学校技术转移运行机制主要包括驱动机制、消化吸收再利用机制、成果鉴定机制、信息传递机制等；高等学校技术转移模式主要包括高等学校传统技术转移模式、高等学校技术转移孵化器模式、高等学校技术转移中介服务机构模式、高等学校技术转移的衍生企业模式、高等学校技术转移的合作联盟模式等。

在此基础上，本章指出：我国高等学校技术转移建设，主要存在技术转移理念更新不快、高等学校技术转移工作管理职能错位、政策协同性不强、专业化程度不高等问题亟待解决。

同时，本章通过国外高等学校技术转移机构案例分析，提出高等学校技术转移建设的启示和经验，为我国高等学校的技术转移建设工作提供相应的参考和借鉴。

第 5 章

我国高等学校技术转移影响因素及评价研究

在前面四个章节，我们对高等学校知识产权的转化与保护、知识产权的运营管理模式、运营管理策略以及国外高等学校在技术转移活动过程中的实践经验和启示等问题，进行了全面的分析和总结，得出了一些有益的结论和启示。那么，高等学校在技术转移过程中，起到决定性的影响因素有哪些呢？本章我们针对此问题，展开全面的分析与讨论。

5.1 高等学校技术转移影响因素分析

高等学校技术转移活动，受到内外部环境多种因素的制约和影响，从而直接影响到技术转移活动的转移效率及效果。从技术转移的主客体和环境要素的分析方式观察，我们可以将影响高等学校技术转移活动最重要的三大因素归纳为：影响技术转移的主体因素、影响技术转移的客体因素和影响技术转移的环境因素。

5.1.1 影响高等学校技术转移的主体因素

高等学校技术转移活动的主体，与传统的技术转移活动的主体基本相同，都包含着知识产权与技术成果的提供方（高等学校）、知识产权与技术成果的受让方（相关企业）、知识产权与技术成果转移的中介组织机构和各级政府单位这四个环节。

而技术转移的提供、受让双方，都在技术转移活动中承担着重要的角色。因此，高等学校和相关企业的整体数量、发展水平和质量将对技术转移活动一并起着决定性的作用，而中介组织机构和政府单位在技术转移活动中，则主要起到联系、催化和管理的辅助作用。

1. 知识产权与技术成果的提供方——高等学校

承担技术成果提供方角色的高等学校，是技术转移活动的源头，只有当高等学校同时具备科学研究的技术实力，并能够适应和满足外界对技术转移的需求时，才会真正地发生技术转移活动。因此，高等学校的自身知识产权与技术成果的水平，决定了技术转移的效果和水平。

当前，各国的大部分高等学校，或多或少地存在科研经费相对不足的问题。同时，高等学校自身科研能力，也由于与外界需求的对接不完全匹配和不够紧密等原因，导致其产出的知识产权与技术成果水平相对不高，这一现象在我国的普通高等学校中尤为普遍。甚至我国的高等学校自身进行技术转移活动的需求和驱动力也不强，因此技术转移速度相对缓慢。

一般情况下，高等学校的创新能力往往处于行业中的领先地位，拥有丰富的校友资源和人脉关系，具备达成校企合作的便利条件。容易达成高等学校的技术资源与相关企业经济支持的匹配，能够实现真正的资源互补，达成高等学校的技术转移活动的需求。

但是，高等学校自身的发展实力与水平才是实现高等学校自身技术转移的关键。因为高等学校首先要具备进行技术转移的真正意愿。我国的一部分高等学校，已经逐渐认识到知识产权与技术成果转移的重要性，开始改变了科研人员和教师的绩效评价机制，不再采用单一的学术论文绩效考核方法，而倡导和鼓励高等学校教师实现科研成果的落地与转移，促进相关行业技术水平提升，满足当地经济发展需要，服务于相关的企业需求。

2. 知识产权与技术成果的受让方——相关企业

高等学校能力辐射范围内的相关企业，对技术成果的需求数量和需求程度，及其对高等学校知识产权与技术成果水平的了解程度，都直接影响了高等学校向相关企业技术转移活动的成效。

相关企业的知识产权与技术成果需求，一般存在显性和隐性之分，即现实需求与隐形需求两种。现实需求是指相关企业当前已经发现的技术需求。隐性需求是指相关企业切实需要，但是自身没有发现的潜在需求。相关企业对技术成果的现实需求是企业技术渴望程度的决定性因素，而潜在的隐形需求，则需要中介组织机构和技术提供方进行挖掘和激发。

即便相关企业具有现实的需求，高等学校也并不一定能够顺利地完成相应的知识产权与技术成果转移活动，因为还有一些其他影响的因素，也会对这一活动产生影响，例如相关企业对高等学校的认可程度，就是其中一个重要影响因素。而高等学校的排名，往往会影响相关企业对其技术实力的评估，如果相关企业产生了技术需求，它一般会优先选择排名比较靠前的高等学校或者科研院所，这将会对地方的普通高等学校的技术转移活动产生一定的影响，除非当地高等学校在某一技术领域具有较高的知名度和水平。

由此，相关企业对高等学校技术转移活动的影响，主要表现在以下几个层面。首先，相关企业是否有技术需求？其次，相关企业是否可以发现这种需求，或者这种需求是否通过某种途径被激发出来？最后，高等学校是否具备足够的、满足相关企业技术需求的科研实力，而被相关企业认定为第一技术合作伙伴？只有在这三个层面同时被满足的情况下，才能完成高等学校向相关企业的技术转移活动。

3. 知识产权与技术成果转移的中介组织机构

作为知识型的无形产品，知识产权与技术成果并不能像传统意义上的产品具有实物的形态，可以在二级市场上自由地流通交易，市场上也无法看到技术成果的供需情况，也无法对潜在消费者数量进行准确的预测。

技术市场存在供需双方的信息不对称性，知识产权与技术成果提供方无法及时发现外部市场的真实需求，而需求方也不能及时准确地感知外部市场的技术水平，在这种信息不能及时流动、沟通的情况下，很大程度地限制了知识产权与技术成果的快速有效的转移和经济社会技术水平整体的发展进程。技术转移的中介组织机构就在这一前提下应运而生了。同样，技术转移的中介组织机构也更加关注国内排名靠前的高等学校和科研机构的研究成果，一些地方普通高等学校也因此缺失了很多协同合作的机会，造成了我国高等学校和科研机构的技术转移水平参差不齐的现实情况。

高等学校内部一般会设置技术转移的相关组织机构，来负责促进学校的技术转移活动，如高等学校技术转移办公室、专利中心等。但是，此类内部组织机构的水平不一，达成技术转移活动的水平有限。因此，寻求与技术转移中介组织机构的合作是非常有必要的。如何吸引与中介组织机构的合作，成为影响高等学校技术转移活动是否顺利完成的重要因素。

4. 技术转移活动的监管方——各级政府单位

鉴于各级政府处于技术转移市场上的引导和监管的地位，其对技术转移活动的引导作用，也是非常重要的。作为技术转移市场规则和政策的制定者，各级政府在技术转移活动中承担着规范市场、完善引导政策、提供相关服务等重要的角色。

缺少政府的引导和支持的作用，技术转移的效果将大打折扣。而当前，有利于高等学校开展技术转移活动的引导政策还需要进一步完善，在这一方面，政府还有很多的工作需要做。

5. 技术转移主体的诚信度

参与技术转移活动的各方，都有着自身的利益诉求和目的，只有参与的各方主体能够遵守科技市场交易的基本原则，诚实守信参与合作，技术转移活动按照正确的轨道发展下去，最终才能达成一个合作共赢的局面。

如果参与技术转移的主体违背诚信合作的原则，存在隐瞒欺诈行为，整个合作将背离正常的发展轨道，最终损害其他合作方的利益，导致技术转移活动终止，这也不利于技术市场的进步。

在技术合作的过程中，涉及技术转移主体的契约问题。如果在合作过程中，出现知识产权与技术成果交付延迟、拒付合同款项、隐瞒关键技术等问题，都将使对方遭受巨额经济损失。同时，导致本次技术转移活动的失败，这就要求技术转移各方要保持高度的诚信，严格地遵守合作条约。

同时，合作伙伴之间用诚信换取的信任，可以减少合作中产生的监督成本。合作伙伴是否信任的态度，将会对未来可能存在的合作关系的预期造成影响，更容易进一步达成合作。因此，诚信成为高等学校技术转移活动中必须慎重考量的问题。

5.1.2　影响高等学校技术转移的客体因素

知识产权与技术成果是高等学校技术转移的主要对象，而知识产权与技术成果本身又具有复杂性、不确定性、累积性等属性。知识产权与技术成果的这些属性，必将对技术转移的活动产生影响。不同的属性对合作结果的影响是不同的。

1. 高等学校知识产权与技术成果的外部市场需求度

完成高等学校的技术转移，能够帮助相关企业进行创新活动，打破当前的市场竞争格局，迅速取得本行业市场的竞争优势，获得市场地位。同时，对于高等学校来说，也会在技术转移后不断地提升自身的科研实力。

相关企业将实验室的知识产权与技术成果落地，转化为具体的产品，又将产品推向市场，这一过程就是实现了知识产权与技术成果从技术市场到产品市场的有效转化。而技术和产品的市场需求状况，将决定技术转移活动从开始到结束的全过程。经济社会的不断发展决定了市场充满波动性和不确定性，那么对于市场波动和不确定性的预测、市场上的模仿和仿造现象、新的迭代升级的新技术冲击等都会影响到高等学校的技术转移活动的实施。

知识产权与技术成果作为技术市场上的交易商品，其技术交易活动必须要遵守市场上的基本交易规则。知识产权与技术成果的需求度，决定了技术成果是否能在技术市场上交易出去，知识产权与技术成果的外部市场需求度越高，越容易被交易出去。在技术不断更迭提升的大环境下，满足外部市场的需求，研发出市场高需求度的技术成果，成为高等学校提升技术市场转移效率的关键途径。

高等学校为了开发出更先进的知识产权与技术成果，也可以多采用联合开发的形式，开发集成创新的实用型知识产权与技术成果，来提高技术转移的成功的机会。

2. 高等学校知识产权与技术成果的成熟度

如果地方普通高等学校的知识产权与技术成果水平相对较低，技术成熟度不高，那么这些知识产权与技术成果在转移时，就很难找到对应的需求方。如果相关企业引进或者购买成熟度不高的知识产权与技术成果，相关的企业自身就要参与到知识产权与技术成果攻关的过程中。

当然，这对高等学校是一件利好的事情，他们可以借助相关企业的资金、人才和科研条件开展研发活动，通过校企合作培养更多的科研人才，增强科研力量。然而，知识产权与技术成果的推广、转化到产业化过程的实现都需要企业的推进，技术的研发攻关与创新是一个漫长又充满风险的过程，如果在合作过程中，相关企业可预计的未来风险太高，成本耗费过大，企业将不会展开技术合作。

如果高等学校能为企业提供的是一项成熟度很高的知识产权与技术成果，相关企业自身不必将更多的精力和资源投入到技术研发环节上，而是重点进行知识产权与技术成果的推广和产业化，将会大大降低合作的风险，相关企业就有更高的合作积极性。所以，高等学校输出知识产权与技术成果的成熟程度，将会直接影响企业展开合作的意愿与信心。

3. 高等学校知识产权与技术成果的复杂程度

知识产权与技术成果的复杂程度能体现技术的先进程度，知识产权与技术成果越复杂，就越难以进行研发攻关，也就相对更加先进。高等学校想要拥有高复杂程度的知识产权与技术成果，很大程度上需要寻求与其他主体展开合作，克服技术研发上的难题。毕竟部分高等学校受到自身研发水平和经济水平的限制，独立完成项目的技术研发存在很大的难度，需要与合作方进行资源互补和技术交流。

复杂程度高的技术，往往是由多项知识产权与技术成果集成共同发挥作用的，在进行校企的合作技术开发时，合作历时较长，参与技术成果流动项目的高等学校科研人员，将得到很多锻炼的机会，这对高等学校的人才培养来说是有利的。

从企业的角度来看，越复杂的知识产权与技术成果，拥有的开发价值越大，后期进行技术创新的机会也越多，尤其是一个在特定领域具有技术领先地位的高等学校，它们复杂的技术成果一旦顺利完成技术转移，将会给相关企业带来丰厚的经济利益和较大的市场份额，提升企业的行业地位。所以，知识产权与技术成果拥有的复杂程度越高，校企合作的机会就越大，技术转移成功的概率也越高。

5.1.3　影响高等学校技术转移的环境因素

影响高等学校技术转移的环境因素主要指来自高等学校外部的环境因素，其中包含政策因素、法律因素、信息因素等这些宏观层面的影响因素。

1. 影响高等学校技术转移的政策因素

高等学校的技术转移，不仅能为技术转移的各方主体带来直接的经济利益，提升市场地位和发展空间，还能推动国家的技术进步与经济发展。因此，各级政府不断地出台很多激励政策，来鼓励高等学校主动开展技术转移活动，引导各方主体积极参与其中，促进技术转移活动，向对各方有利的方向发展。

各级政府政策的出台，将影响技术转移活动的成功率。鉴于我国还处于发展中国家的现状，市场经济还不是很发达，技术市场并不完善，技术交易并不能完全依赖市场的调节，因此，政府需要通过制定相关的政策来干预技术转移市场的交易行为。

目前，我国各级政府已经出台了很多相关政策来干预技术市场，例如，国家科技攻关计划、火炬计划、星火计划、国家科技成果重点推广计划、国家自然科学基金等科技计划项目，都是为了促进高等学校与相关企业之间的技术转移活动。

国家制定的相关资金的扶持政策，来促进技术市场的技术转移活动，这些政策很大程度上增强了高等学校和相关企业进行技术转移活动的意愿，促进了技术转移活动的产生。受到各方面条件的限制，高等学校需要依靠政府的相关政策，才能在技术市场上保持稳定的地位。因此，分析预测国家政策走向，充分利用国家政策导向，可以有效地促进技术转移活动。如果忽略政府政策的宏观调控作用对技术转移活动的影响，仅按照合作方的主观意愿进行，可能会遭受不必要的损失。

2. 影响高等学校技术转移的法律因素

我国正在全面深化法治社会的建设，市场行为必须接受法律的制约。当然，技术转移的各方也受到法律的保护，尤其是对知识产权与技术成果的保护，这会对高等学校技术转移产生正面的影响。法律将会制裁利用不正当手段获取技术的行为，无论是专利技术成果还是非专利技术成果，在进行技术转移时，都受到法律法规条款的约束。

引导高等学校开展技术转移，首先要保护好其知识产权与技术成果。否则，高等学校会因担心技术成果的权利受到侵犯而终止技术转移活动。高等学校技术转移活动是一个合作的过程，这一过程是需要签订合约来约束双方行为，合约的履行情况将决定技术是否能成功完成转移。双方需以合约为行为准则，在合作规定的范围之内活动，如果其中发生了权责纠纷，将严格按照合约条款解决执行。法律为技术转移活动营造了一个安全良好的合作氛围，使合作双方没有后顾之忧。

国家为了不断规范技术市场，保护交易双方合法权益，致力于制定促进技术市场良性发展的法律法规，如《中华人民共和国科学技术进步法》《中华人民共和国科技成果转化法促进法》等。这些法律、法规为高等学校的技术转移活动划清了底线与边界，始终保护着活动各方的合法权利。这些法律法规的颁布，为技术转移活动提供了一条可以遵循的轨道，为高等学校技术转移活动起着保驾护航的作用。

3. 影响高等学校技术转移的信息因素

在信息时代的交易合作中，信息的获取也是影响的重要因素。各方合作主体对合作信息的获取量，将直接影响技术转移活动的质量和效果。我国高等学校承担的主要角色是教育和培养人才，无法及时敏锐地获取技术新市场的前沿需求信息，甚至获取的信息量极少。而相关企业永远处在外部市场的风口浪尖上，及时掌握全盘市场信息是企业生存的法门，因此在这场高等学校的技术转移活动中，企业必然成为市场信息优胜方。

高等学校作为技术转移的提供方，对于技术的了解掌握自然要多于技术的受让方，此时高等学校又转身成为技术信息掌握的优胜方。技术转移交易合作的关键是信息的掌握，信息作为谈判的筹码，合作各方在利益的驱使下，可能会选择隐藏信息，或者采用信息欺诈的行为获取高额利益，损害了合作方的利益，技术转移活动必然受到负面影响甚至是终止。因此合作主体要注意信息渠道的构建，扩展信息来源，准确地理解和使用信息，避免因为信息不对称造成损失。

4. 影响高等学校技术转移的资金因素

资金也是影响高等学校技术转移的重要因素。无论是技术研发还是市场运行，资金都是重要的经济保障，也是技术转移各方必须要考量的重要条件。高等学校的知识产权与技术成果在市场的推广、技术深入研发、寻求合作活动一系列的活动都需要充足的资金支持。充足的资金能够加快技术研发进程，保障技术转移能够顺利完成，同时可以加深合作各方的联系。

高等学校作为非营利组织机构的性质，决定了它在大多情况下，不会有充足的资金运用在技术研发和技术转移上，寻求对外合作是多数高等学校优先选择的路径。对于国家重点高等学校和科研类院校更容易获得企业合作的资源，而普通的地方高等学校就难以吸引企业投资。因此，高等学校如何吸引企业投资，取得校企合作，是当下最重要的努力方向。

相关企业在与高等学校进行技术合作的时候，首先要考虑投资风险有多大，如何降低投资风险。如果在合作过程中为防出现资金问题，高等学校可以放弃合作，寻找其他的相关合作企业，如果相关企业需要承担的投资风险过大，企业也可以选择投资其他的技术供应方。

如果技术转移对应的科研成果正处于创新阶段，会因为资金供应不充足而搁置，造成技术供应、受让双方巨大的损失。因而，考察合作方的投融资情况是合作必要的环节，它将决定技术转移活动是否能够顺利完整地进行。

高等学校所处的外部市场环境越好，高等学校与相关企业之间的技术转移活动将会程度越深、范围越广、频率越高，进一步加速更多的知识、技术、信息在市场上渗透与扩散。

总之，在技术飞速发展的时代，对技术转移的需求越来越迫切，我国的高等学校应紧跟顺应时代变化，满足外部市场需求，综合全面地分析影响技术转移的各个因素，有效利用有利因素，规避不利影响因素，加快技术转移的步伐，争取主动权，增加技术转移活动的成功概率，进一步推进技术转移事业前进的步伐，实现知识产权与技术成果的价值最大化。

5.2　我国高等学校科技成果转移效率研究

5.2.1　高等学校技术转移评价指标选取原则

在定量地分析和评价我国高等学校技术转移的效率时，评价指标的选取和权重的设定等，应遵循以下几大原则。

第一，高等学校技术转移评价指标的整体性原则。高等学校技术转移活动涉及的主体多样，包含高等学校、政府、企业、中介组织机构等多个方面，在进行技术转移的绩效评价时，要全方位地考虑诸多因素，包括高等学校的技术研发条件、外部市场环境等多个层次的视角。

第二，高等学校技术转移评价指标的层次性原则。技术转移效率的分析与评价指标之间要逻辑清晰、层次分明，即绩效分析与评价的指标设计要突显出层级分类的关系。

第三，高等学校技术转移评价指标的实用性原则。进行技术转移评价指标实证分析的过程中，需要对各评价指标进行严谨的定量计算分析。因此，在指标选取的过程中，在不影响分析效果的前提下，要尽量选取那些可以进行量化的指标，既便于后期收集数据的真实有效性，也便于实证分析。

第四，高等学校技术转移评价指标的代表性原则。指标的选取要适量，并且具有代表性。影响高等学校技术转移的因素很多，选取的指标太少，会影响分析结果。选取的指标太多，也不代表指标体系的有效性，并且增加后期收集数据的工作量和成本。因此，适应当前环境，在保证分析和评价的前提下，选取能够反映高等学校技术转移现状的指标最为适宜。

第五，高等学校技术转移评价指标的指导性原则。最终选取的评价指标体系，要既能反映当前高等学校技术转移的现状，又能对以后的技术转移的研究和活动，起到一定的指导性作用。

5.2.2　高等学校科技成果转化效率评价方法

随机前沿方法（Stochastic Frontier Approach，SFA）和数据包络分析方法（Data Envelopment Analysis，DEA）是当前比较常用的分析与评价高等学校技术转移效率的定量分析方法，其中数据包络分析方法模型的运用，在国内高等学校技术转移效率评价中最为常见。

在定量分析和评价高等学校知识产权与技术成果的技术转移过程中，国外学者安德森（Anderson）曾经运用数据包络分析方法（DEA）模型分析了美国5所高等学校的技术转移效率；而国内的学者姜彦钊等则基于随机前沿方法（SFA）模型研究了我国高等学校技术成果转化的模式，定量分析与评价了知识产权与技术成果市场化效率。近年来，国内外的学者们比较关注的是定性与定量相结合、线性与非线性相结合的综合评价法；此外，也有一些学者选择用其他定量分析的方法展开技术转移效率评价研究，如国外学者万宁（Vinig）用meta data定量分析和评价高等学校技术转移绩效。

高等学校科研活动是一个非常典型的多投入、多产出的系统，采用某一函数准确标书投入和产出间的复杂关系具有较大的难度。数据包络分析方法（DEA）应用数学规划模型计算和比较决策单元之间的相对效率，非常便于分析多投入、多产出的效率水平。运用DEA数据包络分析方法的定量模型，可以比较准确地测算出高等学校技术转移效率，并分析环境因素对技术转移效率的影响。高等学校技术转移效率，受到来自市场环境因素和随机误差的影响，数据包络分析方法模型可剔除这些因素的影响，使高等学校技术转移效率之间的比较显得更有意义。

5.2.3　高等学校知识产权与科技成果转化效率分析

高等学校规模、高等学校经费中的政府资金规模以及学校招收研究生的规模，均对重点高等学校技术转移效率产生负向的影响。我国重点高等学校科研经费中的绝大部分来自政府拨款，其规模越大，得到的政府拨款也越多，这些重点高等学校科研管理工作往往容易出现"一刀切"的问题。如在科研人员出国参加学术活动时，高等学校严格按照学校规模和政府拨付资金等限制出国时间和次数。

高等学校科研管理，仍然存在重视科研成果、轻视科研人员的状况，需要继续加深对高等学校科研工作人员的信任和对智力劳动的尊重。随着我国经济社会的快速发展，高等学校研究生数量的增长迅速，但是，国家在财政支持和拨款等方面，对于高等学校研究生教育和培养的资源跟进速度不够，不利于保证研究生的培养质量。

因此，为了提高技术转移效率，我国重点高等学校需要进一步优化资源配置，调整科研要素投入的结构。从外部区域环境来看，地方政府支持力度的增加，有利于重点高等学校经费投入冗余的减少，这说明地方政府也应该积极加大对研发投入活动的服务与支持，为高等学校对相关企业的技术转移提供便利的条件。

高等学校技术转移效率总体偏低。我国重点高等学校以前大多是部属学校，规模较大。这些高等学校的人、财、物等涉及不同的部门，关系复杂，不仅由教育主管部门领导，也受到其他属地党委政府和党政部门的领导和管理。政出多门、多头管理的情况，会直接制约高等学校科研人员的创新工作开展，影响他们投入科研工作的积极性。这在一定程度上引起了高等学校规模大而效率低的情况。

我国高等学校技术转移的全要素生产率在不断增长的同时，来源于技术效率的增长和技术进步，其中高等学校的技术效率增长的贡献相对更大。这可能是因为在以往的高等学校知识产权与科研成果转化过程中，由于教师评价激励机制的不完善和产学研合作机制不顺畅等原因，高等学校与经济社会的融合过程中，存在一定的滞后和脱节情况，所以其技术效率较低，在此方面还有较大的上升空间。

随着一系列加快高等学校知识产权与科技成果转化政策的颁布和实施，知识产权与技术成果转化机制不顺畅的情况在逐步地改善，所以高等学校的技术效率也在不断上升。

5.3 我国高等学校科技成果技术转移绩效研究

高等学校技术转移和科研成果转化是一个复杂的过程，高等学校科技人员作为先进技术拥有者和转化过程的重要起始人员，这一群体的认知和评价，对于发现影响高等学校科技成果技术转移绩效的关键因素，以及破解成果转化核心瓶颈问题至关重要。

5.3.1 我国高等学校科研成果技术转移存在的问题

1. 我国的地方高等学校知识产权与科技成果技术转移的绩效现状不乐观

我国高等学校科研从业人员普遍认为知识产权与科技成果技术转移绩效水平还不够高，能力也不够强。高等学校能够研发出高质量的、有竞争力的先进科技成果供市场选择，但当前高等学校在科技成果技术转移的制度建设、经费投入特别是在沟通外部市场和高等学校的科技中介服务能力上，还有待进一步的改进和提升。

2. 多重因素制约我国地方高等学校知识产权与科研成果技术转移绩效

我国地方高等学校的知识产权与科技成果技术转移绩效，受到高等学校的科技成果供给、企业科技吸纳、经费投入、科技中介服务、制度保障等内外部多重因素的综合影响。

其中，科技中介服务是关键环节。而我国高等学校内部促进科技成果技术转移的组织机构专业化程度较低，运行不太规范，资金支持不够，自我造血功能不强。科研成果转化的技术经纪人，技术经验往往多于外部技术市场的经验，不能及时准确地将自身的实用性科技成果向技术市场进行有效推介，校内科研人员对其难以形成信赖关系，宁愿绕开校内技术转移转化的组织机构，而与企业进行私下技术交易。社会科技中介服务在向企业推介转化技术成果时，起到了一定积极作用，但受其专业化水平限制，通常仅停留在"牵线搭桥"和"专利代理申请"等表层服务上。

国际经验表明，以高等学校技术转化办公室等为代表的科技中介服务组织机构，在填平基础研发成果到走向市场产品开发之间"死亡之谷"中，发挥着重要作用。因此，不断探索和发展创新科技中介服务组织机构模式，提升其专业化、市场化服务水平，消解供需双方信息不对称等问题，才能更好地填补高等学校研发成果，走向市场化产品过程中的空白，破解科技成果转化的瓶颈性问题。

经费投入是影响地方高等学校科技成果技术转移绩效的关键因素。政府加大对新技术研发、产业化环节的资金投入，可以有效地提高企业技术消化、吸收、创新能力，受政府科技专项资金资助的企业，可以通过产学研合作等方式影响、扩大高等学校科技经费支出，产生促进高等学校提高科技经费支出和科技成果供给质量的杠杆效应，从而实现资金链、创新链、产业链的有机融合和协同。

同时，高等学校科技创新周期性、成果不确定性与企业需求的即时性、成果需求具体性之间的固有矛盾，使高等学校知识产权与技术成果的技术转移成为一项存在诸多不确定性的风险投资，社会民间资本和金融机构出于自身利益、经营风险考量，在融资投入上往往十分谨慎，这也加剧了地方高等学校科技成果转化经费投入规模小和结构性问题。

3. 高等学校成果供给和企业科技吸纳，是我国地方高等学校科技成果技术转移的关键

科技中介服务、制度保障分别能够通过由高等学校成果供给和企业

科技吸纳构成的链式二重中介作用，间接地影响科技成果转化绩效；经费投入、科技中介服务、制度保障，分别通过企业科技吸纳的完全中介作用影响成果转化绩效。

科技成果技术转移绩效，是一个科技成果转化为现实生产力的系统性、动态性的过程，它的最终实现是以科技中介服务、经费投入、制度保障、高等学校知识产权与技术成果供给、企业科技吸纳等为代表的资金链、政策链、创新链、产业链的综合协同、有机互动的结果；另一方面，高等学校科技成果技术转移绩效实现的两个关键点是高等学校自身的知识产权与技术成果供给能力和供给质量、企业科技吸纳能力，主要在创新链和产业链两个关键环节，这就需要在进行相关制度、机制设计时，兼顾整体的同时，重点解决科技成果转化中的矛盾、决定性要素。

研究表明，我国地方高等学校科技成果技术转移是资金链、政策链、创新链、产业链等综合协同、有机互动的过程。因此，提升我国高等学校成果转化绩效需要系统化的精准施策：首先，要提高科技成果转化制度的可执行性与协同性，形成政策的合力，营造有利于科技创新的政策生态，依法保障科技成果转化利益相关主体的合法权益、合法收益；其次，要强化组织的建设，探索构建政府、高等学校、科研机构、企业四位一体的协同科技创新模式，实现政产学研深度协同，在源头上提高地方高等学校科技成果精准供给能力；最后，要优化科技中介服务，政府要积极通过各种政策，引导中介行业在科技成果转化过程中发展壮大，使市场成为成果转化的主要推动力，要不断创新服务组织与形式，为我国高等学校和企业提供及时、精准的科技供需信息，缩短科技与市场的时空距离，打破知识产权与技术成果转化与创新产品的壁垒，激发全社会和行业企业的创新效应。

5.3.2 我国高等学校科技成果技术转移绩效提升建议

为提高我国高等学校成果转化与技术转移的绩效，在前期分析的前提下，我们提出了以下四点建议。

1. 积极促进我国高等学校科研向高质量化发展，增加对高等学校技术转移服务的资源投入

首先，要调整和优化我国高等学校的科研布局，将重点研发力量聚焦到科技前沿领域和国家战略的需求方面。科研工作要着力于解决国家发展中的紧迫需求，着眼于科学技术的尖端领域。要进一步突出关键领域、技术瓶颈和主攻方向，构建高效灵活的资源协同和供给机制，解决资源配置中效率不高的现象，突出市场在资源配置中的主要作用。

其次，不仅要加强我国高等学校技术转移人才的培养和建设，也要进一步不断增加高等学校技术转移管理人员激励。如今，我国高等学校技术转移相关负责人员专业能力相对不强，同时，高等学校缺乏对技术转移运营管理工作人员的有效激励，并面临技术转移运营管理人才流失问题。高等学校应该在技术转移运营管理人才培养和激励方面，投入更多的资金和资源。此外，高等学校也要对技术转移运营管理工作人员进行系统专业的培训指导，从而显著提升他们的专业能力。

2. 政府要不断提升对科技成果转化活动的服务与支持

第一，明确并强化国家技术转移管理组织机构的职能，促进技术转移服务机构和技术市场的协调发展。要加强我国高等学校的技术转移组织机构建设，鼓励高等学校主动组建专业化的运营管理团队，通过加强发现市场需求、开发市场资源、营销策划和售后保障来促进技术转移。引导相关中介组织机构向高等学校提供法律咨询、技术评价等服务，强调技术转移组织机构的规范化和市场化发展，提升服务水平。第二，强

化科技成果技术转移的中试熟化条件。我国高等学校普遍缺乏中试熟化条件设施，知识产权与技术成果供给无法满足企业的创新需求；而政府往往通过先转化后补助的形式来支持科技成果技术转移。政府要制定灵活有效的政策，提供更多直接资助的措施和办法，加强对我国高等学校技术转移的引导和推动作用。

3. 完善促进科研成果转化的中介组织机构的服务体系

科研中介组织机构的发展与国家的科技水平是密不可分的。在我国，科技中介组织机构起步较晚，从改革开放后才不断兴起，真正发展起来也不过十几年。经过不断的发展和市场需求的增多，科技中介组织机构数量不断增多，规模不断扩大，为推动我国科研水平提升，企业自主创新做出了重要贡献，成为我国科技发展和经济建设过程中不可缺少的角色，目前覆盖各个技术领域的知识产权与技术成果服务中介组织机构体系已初步形成。

但是，就目前知识产权与技术成果中介组织机构的运营管理水平，尚不能满足我国科技产业和市场的需求，仍不能实现创新技术在市场上的自由流动，这一行业还存在政策不健全、缺乏专业人才、商业模式不合理等诸多问题，这些问题一定程度上制约了科研中介组织机构的发展和进步，从而不能更好地服务于我国的科技成果转移。完善科研中组织机构的服务体系，提高相应的服务水平，将会很大程度上促进科技成果的转移活动。

4. 提升规模效率，深化科研体制的改革

要赋予高等学校对科技成果使用和处置的自主权限。我国高等学校的知识产权与技术成果以往都作为普通国有资产来对待，尤其目前知识产权与技术成果可以折算为股权，如科研人员的奖励和技术作价入股等，被视为国有无形资产。我国的高等学校处置这些股权需要经过很多环节的审批，程序烦琐，直接地影响了技术转移的效率和效果。

同时，科技成果的应用价值也存在不确定性和滞后性的问题。对于这些问题，现行主管部门应将高等学校科技成果划分为特殊国有资产项目来管理，取消或减少相应的审批和备案，建立灵活的科研成果使用管理制度，这样才可以切实保证我国高等学校对科技成果转化的自主权。

5.4 本章小结

本章从高等学校技术转移的影响因素、技术转移的效率、技术转移的绩效三个方面展开研究。首先，总结得出影响高等学校开展技术转移活动的影响因素，包含主体、客体和环境三个层面的 12 个影响因素；其中，主体层面包括 5 个影响因素：知识产权与技术成果的提供方：高等学校；知识产权与技术成果的受让方：相关企业；知识产权与技术成果转移的中介组织机构；技术转移活动的监管方：各级政府单位；技术转移主体的诚信度。客体层面包括 3 个影响因素：高等学校知识产权与技术成果的外部市场需求度，成熟度和复杂程度。环境层面包括 4 个影响因素：政策因素、法律因素、信息因素、资金因素；其次，从分析与评价指标选取原则、评价方法效率分析等方面研究了高等学校科技创新成果进行技术转移的效率；最后，发现高等学校科技创新成果转移中存在的现实问题，以及高等学校科技创新成果转化绩效的制约因素。

据此，提出促进我国的高等学校知识产权与技术成果转化绩效提升的建议，为我国的高等学校进行科技创新成果转化提供有效的提升路径。

第 6 章

我国高等学校技术转移过程知识产权保护机制研究

6.1 我国高等学校技术转移的规则制度中存在的知识产权难题

高等学校的技术转移工作,是我国高等学校服务社会功能的重要体现。并且随着时代的发展,我国高等学校日益从科学研究的后台,走上技术创新、技术转移和应用的中心,甚至成为国家层面的技术创新系统和国家技术转移系统的核心。高等学校技术转移涉及机制体制、宏观经济政策、法律制度、科技发展战略等各个方面,因而,我国的高等学校技术转移的制度安排是一项系统的工程,而国家在其中的制度安排中将起到十分重要的指导作用。

当然,国家的指导作用主要也只能限于宏观的政策引导。以宏观调控、政策引导、创造环境、提供服务为主要的工作方向,把握当前经济和科技发展的趋势,立足国家的产业现状,将国家层面的制度安排和运行机制设计,与科学技术研究的需求相互协调,通过对比分析两者之间的联系、差距和衔接点,提出能够将两者协调共进的具体行动方案,推动科学技术进步和产业提升的相关政策。

国家层面还需要关注我国高等学校内拥有的知识产权与科研成果的技术转移，调研以明确高等学校在技术转移实施过程中的具体需要，从资金支持等方面制定相应政策，协调高等学校的技术转移，促进其能够更好地完成和发展。规范和健全科技中介服务系统，做好技术转移的保障工作，完善高等学校技术转移的运行机制，从机制的基础上促进我国高等学校内知识产权与科研成果的转化。

在上述关于我国高等学校技术转移的规则制度，以及政策的提出和设置方面，国家需要深入调研，然后制定合理有效的相关规则和政策。

谈及我国的技术转移问题，就不会仅仅涉及组织机构的设置问题，在多个组织机构合作的情形下，必然在技术转移的利益分配方面存在难题，这将会在很大程度上影响各组织机构在技术转移方面的合作，而其中最为核心的就是知识产权的保护问题。

因此，国家在促进高等学校技术转移的制度安排中，必须紧密围绕知识产权保护运行和管理的制度和政策构建，高等学校在这些规则和制度的规范和帮助之下，剖析现行的市场规律，合理利用外部市场中各相关企业的竞争关系，提升高等学校内知识产权与技术成果的技术转移成功的概率，逐步形成自我发展核心能力。

众所周知，高等学校与相关企业之间，根据各方的需求进行协同合作，将高等学校内以往的知识产权与技术成果进行技术转移，相关企业通过学习吸收和发展，不仅能够解决高等学校内知识产权与技术成果堆砌成山，却利用率较低的困难与问题，也能够在相关的企业内部帮助下，攻克自身在技术创新方面所遇到的阻碍。这两方面的影响并不仅仅是其自身的影响，还会对国家的创新能力和产业发展起到不可避免的作用力。

在对组织机构之间的技术转移进行剖析之后，发现其中最为核心的是在技术转移的主角——科研成果的知识产权归属所带来的一系列问题，而关于知识产权问题，最重要的是，国家构建的相关规则、制度是否能够合理与完善地解决以上的问题。

相关学者也认为高等学校技术转移成功与否，在于相关组织机构之间的利益分配，而最为核心的则是在整个转移过程中产生的知识产权问题。他们还提出，提前构筑好知识产权运营与管理的规则和政策，才能够给后续的高等学校，与相关企业之间顺利进行技术转移打下坚实的基础；才能够协调好合作者之间的利益关系，保证合作方之间日后能够形成和构建更加良好的合作循环机制。

将关注点拉回到我国高等学校的技术转移的本身，技术转移的整个过程是一个复杂的系统。其中，不仅包括大家都知道的高等学校和相关企业，还涉及国家的政府机构和相关中介等组织机构。要想整个系统能够进行良好的循环，必须能够调控好各个组织机构之间的合作和利益关系。做好这些基础工作，才能够保证系统内部技术转移的顺利完成。所以，如何控制好各个相关的组织机构之间的知识产权的利益分配，是整个系统中的核心问题。

根据以往的研究可知，之前大多的技术转移方式是较为单一的，比如有需求的企业自身寻找它们认为合适的高等学校，直接与学校洽谈合作业务，与高等学校内的科研人才合作，根据企业的需求开发出其所需要的成果；还有一些更简单的技术转移方式，是相关企业所需要的正好是高等学校内已经研发出来的科研成果，则相关的合作企业直接和高等学校签署技术转移合同，进行购买即可。但是，在现有的市场环境下，技术转移的过程逐渐变得越来越复杂。其中，日渐凸显的问题便是转移成果的知识产权问题，这一重要环节在整个转移过程，甚至信息企业在技术转移后续市场化的过程中，都起到了至关重要的作用，会对技术转移的双方均造成重大的影响，成则双方共赢，败则两败涂地。

现在我们对这个核心的环节进行分析。首先，高等学校内研发得出的科研成果均具有相应的知识产权，无论其是相关企业的具体需求的研发项目、科研人员的自身科研项目，还是国家委托下达的纵向科研项目。我们发现其中最重要的，是各组织机构在知识产权中的投入评估以及关于知识产权利益安排与利益分割。此时，我们发现不同研发目的，各组织机构投入比例是不同的。对于高等学校来说，由于与相关的企业合作，根据企业需求研发获得的知识产权，研发的资金投入大多来自企业，研发的科研人才、基础设施等研究资本等来自高等学校，因此，双方应共同持有该科研成果的知识产权，相关的企业可以根据外部市场需求将其商业化，高等学校可以依据此基础，继续进行深化研究，若双方一致同意将知识产权转移给第三方的组织机构，则由此获得的利益应双方共同分享。

若高等学校和相关企业共同组建新的研究组织机构，则由于相关企业额外负担了组织机构的相关运维成本，在知识产权的利益分配时，相关企业将获取更多的利润分配。而关于国家纵向项目的研发，最初所得的科研成果只能属于国家所有。但是，后续人们发现这样的分配机制的设置不利于高等学校科研成果的转化，于是，这类情况下所获得的知识产权，开始按参与人员贡献比例，归属于其研发人员以及相关组织机构，这一政策激励了许多科研人员和机构，因此高等学校的科研人员更加积极地投入到国家项目的研究当中，激发出了更多的科研成果，推动了国家内高等学校的技术转移的发展进程。

最广为人知的例子是美国颁布的《拜杜法案》，该法案明确指出，允许接受联邦资助者，拥有联邦资助所获得的专利发明。在此之后，美国高等学校研发成果的数量大量提升，五年之后获得的科研成果数量，较五年之前竟然能够翻倍。同时，美国高等学校研发所得专利等知识产权，在国家当年总专利申请数量中，占比从最初的极低，直接增长到目前占据美国国家专利全部数量的四分之一。此外，美国高等学校的研究效率也大大地提高了。由此可知，在高等学校技术转移的过程中，国家制定的规则制度和政策对其产生的巨大影响，不仅可以为高等学校提供制度保护，还能够激发科研人才的创造力。在这一成功案例的引领之下，各个国家都根据自身特点制定相应的知识产权保护的规则制度，规范技术转移过程中的知识产权问题，也是我国在技术创新成长道路上的重要环节。

6.2　在高等学校技术转移时的知识产权归属原则

在我国知识产权法律体系逐步建立的过程中，全国范围内还没有一部专门针对科技工作科研成果的知识产权保护方面的法律法规。到了20世纪90年代初期，中国科学院系统和教育部开始针对高等学校和科研院所调整科技成果的知识产权问题，出台了若干的行政规章或地方性法规。

1993年，中国科学院率先推出了《中国科学院保护知识产权的暂行规定》，这推动了我国的整个科技系统、部门和行业的知识产权保护工作的正常进行。随后，中国航空工业总公司、教育部等也先后推出了一系列知识产权与技术转移保护相关的规定。

其中在1996年，全国人大常委开会颁布和实施《中华人民共和国促进科技成果转化法》，该法案的第二十六条，提出知识产权与科技成果的研发组织机构，在与其他组织机构合作推进其转化时，形成的权益归属有四条基本原则：第一，若是组织机构之间提前做好合同约定了权益的分配，则履行该约定；第二，若是组织机构之间没有提前做好约定，而此次转化的科研成果没有进行另外的创新，则其带来的权益属于最初的研发组织机构；第三，若是组织机构之间没有提前做好约定，但是在此技术转化过程中，双方合作对原有科研成果进行了创新改造，则科研成果带来的权益归属二者共有；第四，若是组织机构之间没有提前做好约定，且在此次技术转化过程中，双方合作对原有科研成果进行了创新改造，同时，双方都想要将新的科研成果进行技术转移时，则必须获取双方的共同允许。

1999年，国家科技部等政府组织联手提出和颁布了《关于促进科技成果转化的若干规定》，指出"以高新技术成果向有限责任公司或非公司制企业出资入股的，高新技术作价的金额可以达到所成立股份公司或企业注册资本的35%"。同时规定，"国有的科研组织机构、高等学校的职务技术创新成果，所在单位在科研成果完成之后，一年内未能实现知识产权的技术转化的，其拥有者可依据与科技部签订的相关协议，自动根据个人的需要，对该知识产权与科研成果进行技术转化"。

虽然我国在技术转移的现行法律体系中，规定了高等学校知识产权的发明人，可以通过与所在高等学校进行协商，以"签订协议"的事先约定方式，获得职务发明的自行技术成果转化的权利。但是，在实际调研中发现，由于这个技术转移权益规定比较笼统，在实际的操作中存在许多障碍。比如，试图获取自行转化权的知识产权的发明人，是否能够成为真正的专利权等知识产权的所有人问题；自行转化是否包括转化给高等学校内的其他院系等问题；自行转化后的知识产权收益如何分配，等等。这些问题都没有明确的实施细节和办法。同时，获得自行转让权的流转执行的程序过于复杂；高等学校内部，是否会在将来以其他的方式介入知识产权的自行转让等都没有进行具体的说明。

科技转化法的出台，意味着国家从制度的层面鼓励知识产权与科研成果开发、转化成实际的产品，以及随着高等学校研发所得科技成果数量的逐年增加，高等学校也非常希望将转让成果作为学校技术转移的重要手段。但是，现有的《专利法》，并不能满足高等学校专利等知识产权管理制度和技术转移的需求。如何提高快速增长的高等学校专利的技术转移率的问题，已然成为多方关注的焦点。

1999 年，中共中央、国务院发布了《关于加强技术创新，发展高科技，实现产业化的决定》，其中的第十三条中，专门讨论了知识产权的保护与管理问题。同年 4 月份，教育部颁布了《高等学校知识产权保护管理规定》，这是我国首次出台的关于高等学校知识产权方面的行政规章制度。管理规定中的第八条，提出了知识产权的归属原则，认为高等学校内的组织机构根据学校内部下达的命令，运用校内相关的基础设施等资源，最后研发获得的专利等知识产权归属于高等学校，高等学校能够合法对知识产权进行使用，可以进行再次创新创造，甚至转让与转移。

6.3　高等学校的技术转移中知识产权的商业化运用

无论是高等学校，还是科研组织机构在进行科研的过程中，输入的是知识，输出的科研成果依旧是知识，其以知识为载体，通过知识的承载，才可以进行成果的运用、分享和盈利。所以，在提出将高等学校内拥有的科研成果进行技术转移时，实质上，就是将科研成果的输出形式——知识进行有序的传递和分享。

虽然知识是科研成果的载体，但它并不能被摸到，也不能被看到，知识本身是以语言为载体。关于知识，它是抽象的，也是具有对应的价值。同时，它不会被人私有，可以在一定的空间内进行分享。所以，知识在进行传递的过程中并不会被损坏和丢失，并且，在其被传递出去之后是不能收回的。因此，科研成果的一系列更新或者转移过程，就是知识在一定空间内的传递和分享的过程。

从法律视角来看，提出知识产权这一说法时，才有知识的存在价值。它是知识产权的对象，知识产权本身，象征着知识所能够带来的一系列有用价值，知识本身就具有一定的直接和潜在价值，能够带来相应的商业收益。同时，当知识能够为其拥有者带来一定的直接收益时，知识的拥有者关于自身的知识才拥有一定的知识产权。

马克思指出，"每当工业和商业的发展创造出新的交往形式时，法律便不得不承认它们是获得财产的新方式"。知识产权制度同样如此。只有某件物品与商业价值具有联系时，法律就要通过设置相关的规则和政策，保护此类物品拥有者在此物品上的资产，也即赋予拥有者处理此物品的权利，阻止他人非法运用拥有者所拥有的物品的权利。比如，在人们进行技术创新过程中，产生的科技成果能够获得商业利润时，产生了专利权等知识产权；当一个商标的标志能够直接影响其附属的物品价值时，就产生了商标权；而当那些艺术家们的一个作品，能够被出售，并为艺术家获取一定的商业利润时，就产生了著作权。因此，当知识能够为其所有者带来收益时，就相应地产生了知识产权。

当知识产权存在时，高等学校内科研工作者努力研发所得的科技成果，在进行技术转移时，相关组织机构和个人将会在知识产权所属方面产生变动，其资产和收益将会受到影响。所以，在此过程中，实质上就是知识产权的商业化运用的过程。同时，这些知识创新的科研人员的创作成果，应该得到我们所有人的尊重，不应该放任任何人以非法的形式侵犯高等学校科研人员的著作权和专利权等知识产权。

于是，我国于1993年颁布并实施了《中华人民共和国科学技术进步法》，并在2007年底对其进行新的修订，明确提出："国家制定和实施知识产权战略，建立和完善知识产权制度，营造尊重知识产权的社会环境，依法保护知识产权，激励自主创新。企业事业组织机构和科学技术人员，应当增强知识产权意识，增强自主创新能力，提高运用、保护和管理知识产权的能力。"这些法律、法规和政策的颁布和实施，证明了我国对高等学校科研人员知识产权保护的决心，肯定了各类科研组织机构在技术转移过程中的知识产权问题的重要性。

6.4　知识产权制度对高等学校技术转移的影响

技术转移过程，一般就是高等学校的知识产权与科研成果的技术转移到相关企业的过程。参与技术转移的组织机构，在这个过程中，会产生一定的知识产权及相关信息的变动，影响相关组织机构能够获得的利益，更能够对整个技术转移过程是否能够顺利进行产生重大影响。所以，在此过程中相关的知识产权问题，是最为核心的内容。

知识产权与科研成果的技术转移制度安排，即国家对于知识产权相关问题设置和推行的相关法律法规、规则和政策，能够对高等学校的技术转移过程起到一定的激励和维护作用，使相关的人员了解知识产权运营管理的知识和重要性，激励高等学校内部相关科研人员的研发热情和技术转移的效率，积极推动高等学校内的知识产权实现其商业价值，提高我国高等学校和相关行业的创新能力。

1. 知识产权体制化是技术转移启动运作的逻辑前提

根据相关研究可知，我们经常所说的技术转移，实质上是知识产权的商业化运用。一般情况下，这个商业化运用包括两种情况，一种是将知识产权当作商品进行交易，给知识产权所有者带来直接的利益，在根据合同进行交易之后，交易双方一般将不再存在任何关系；另一种是指将知识产权作为一种资本，可以将知识产权代替资金等资本入股相关的企业，知识产权作为资本投入，与该企业的其他资本形式不存在本质上的差异，都是要在相关企业的经营过程中发挥自己的支撑和盈利等作用。

这两种知识产权的商业化运用的核心，都是知识产权权益投入的价值体现。在现如今的市场机制下，根据双方需求，通过协同合作将抽象的知识产权与科研成果转移到现实中的生产实践当中，使科学技术成果转化为现实的生产力。当将知识产权作为资本入股企业时，合作双方可以共同分担企业的风险和利润。在技术转移的过程中，合作双方最关注的，从头至尾都是知识产权，这种权利无论作为什么形式进行转移，都不能改变其最有价值的核心，即它的产权属性。因此，知识产权的归属和使用规则，是进行技术转移的前提条件，是对在此过程中的相关组织机构和个人的权利保护，以及技术转移能够顺利进行的基础。

2. 知识产权体制化是被转移的科研成果价值评估的法律基础

被转移的知识产权与科研成果，无论是通过上述中的哪一种方式进行商业化的运行，合作双方都需要对其本身的价值进行评估。对于一般的商品，新主流经济学的生产论认为，"物品的产量共同的取决于所有被使用的投入品的数量"。即商品的产生，是由于创造过程中的资源投入，通过对在生产过程中的成本进行评估，即可得到商品的价值。但是，知识产权与科研成果在很多特征和属性上，都与普通商品存在一定的差异。首先，其投入要素与普通商品不同，在科研成果产生的过程中，相关科研人员需要梳理自身知识的同时吸收外部相关知识，然后对这些知识进行处理，才能在一定概率上获得想要的科研成果。如果科研人员在自身知识和外部环境的限制下，无法获得自己需要的科研成果，那么，其付出的一切劳动和已经消耗的其他设施成本，都不能得到相应的利益回报。

同时，如果一个水平很高的技术研发人员和一个知识储备较少的研发人员，计划研发同样的科研成果，即使两人均能最终完成自己设定的科研目标和任务，但是他们付出的劳动成本是不同的，得到的回报亦不一定相同。所以，不能根据科研成果在被研究的过程中所消耗的资源和成本评估其价值，而是应该对科研成果本身的价值进行评价，分析知识产权所有者可以利用其知识产权可以获得的价值，包括学术和商业上的价值。

知识产权与科研成果和普通的商品进行对比，还存在许多方面的不同。比如知识产权所有者将它进行交易之后并不会就此失去它，知识产权在被他人传播和利用的同时不会受到损毁、丢失等，这些特点和属性都揭示了科研成果的价值由知识产权所有人掌握，即其本身的产权。

只有产权人才能够选择如何使用它，是将其免费分享还是利用它获取相关的利益。但是，要想实现知识产权的交易，必须要能够对其价值进行评估，而想要对其进行评估，就必须先承认产权的作用和价值，这些方面，都需要依据国家在知识产权方面的相关规定制度。因此，知识产权的体制化是被转移的科研成果价值评估的基本法律基础。

3. 知识产权体制化是技术转移过程中的安全保障

高等学校与其他组织机构合作进行的技术转移，是现有知识产权商业化运用的标准体现。高等学校进行技术转移的过程中，存在很多的利益影响，所以有可能存在一定的风险，交易主体之间存在利益被人侵害的可能。所以，在技术转移的交易进程中，必须存在相应的知识产权法律法规、规则制度，保障整个交易过程的合理合法性，维护相关组织机构或个人的权利不受侵害。在技术转移的过程中，最为普遍的规则制度就是公示制度，通过线上或线下信息的收集和填报，及时在各个平台公示相关知识产权与科研成果的归属现状，能够使相关的科研人员和企业在需要的时候，查询到该知识产权与科研成果的变动情况和所处的现状。从法律的角度维护每个相关组织和人员的利益，并且使得技术转移的过程更加透明，能够受到更多人的监督。因此，知识产权体制化对高等学校技术转移过程的保护，不仅能够保护高等学校相关人员的权利，还能够让技术转移的交易过程变得更加透明和安全。

4. 知识产权体制化是技术转移相关组织机构利益冲突的平衡机制

无论在什么样的经济社会形态中，冲突都是普遍存在的现象，冲突的本质都是利益的不均衡。"利益就其本性来说是盲目的、无止境的、片面的。一句话，它具有不法的功能。"只要以现有的有限性的社会物质为基础，相关主体之间又在利益认知和追求方面存在差别，便会因为利益的不均衡产生冲突。在发生冲突的时候，相关主体之间将对利益进行争夺，进而产生矛盾和冲突。

但是，我们并不能放任这种利益双方矛盾冲突的形态长期存在，矛盾也不可能一直存在，否则这个社会将不能正常运行。那么，在高等学校的知识产权与技术成果的技术转移过程中，各个利益主体之间的矛盾要如何取得平衡呢？那就必须要控制和平衡好各主体之间的利益关系，通过法律的相关规定，合理且明确地提出各主体应该承受的权利和义务，以让其能够满足自身在利益方面的需求。

与高等学校技术转移过程中的知识产权保护最匹配的，就是各个国家颁布和实施的《专利法》。《专利法》能够在专利等知识产权和技术成果的拥有者与其他组织机构或个人的利益之间寻找到一个平衡点，使得各个主体能够在辩证的关系中和平共处。专利法是各组织机构内部科研人员进行科技创新的推动力。同时，保证技术转移等交易的相关主体的权益不被侵害。它能够推动高等学校、行业和各个相关企业创新能力的提升，也是技术转移相关机构利益冲突的平衡机制。

6.5 高等学校技术转移中知识产权保护机制研究

6.5.1 社会协同推进专利技术转移新机制

21 世纪，知识产权制度在我国经济和社会发展中的地位和作用日益凸显，专利等知识产权的数量和质量是衡量其技术创新能力的重要指标，对于相关企业、高等学校等社会团体，知识产权仍是衡量其技术创新的重要标准。因此营造良好的知识产权发展环境，加强知识产权宣传工作和知识产权文化培育，在全社会形成尊重知识、尊重创造、尊重人才的氛围，是目前我国知识产权保护和技术转移工作的重要环节。

完善知识产权与技术成果保护的地方性法规。为加强对知识产权与技术成果的保护，应进一步健全和完善知识产权保护的地方性法规。结合实际情况完善专利保护的地方性法律法规。完善地方专利政策法规体系建设，根据新颁布实施的《专利法》，修改、完善专利管理办法等相关规范性文件，促进地方法规与国家法律的衔接、配套，进一步发挥政府的导向作用，提高全社会知识产权保护的意识和能力，为高等学校的知识产权与科研成果提供法规保障。

加大知识产权保护的行政执法力度。知识产权保护作为知识产权制度的关键环节，对知识产权制度作用的发挥起着至关重要的作用。市场经济条件下，政府的重要作用是提供良好的社会环境和市场环境。加强和完善知识产权的行政执法，是完善我国的市场经济体制、规范市场秩序和建立诚信社会的根本需要。

推进知识产权行政执法体系的建设。从规范行政执法的行为入手，建立我国各地市协同合作的知识产权行政执法机制，提高知识产权执法成效。加大知识产权的侵权调处力度，提高执法工作水平；加强知识产权执法队伍建设，切实规范行政执法行为，更好地发挥知识产权执法的重要作用。

6.5.2　建立知识产权的技术转移促进机制

构建激励高等学校知识产权本土的技术转移管理体系。一是指导高等学校建立知识产权的技术转移部门，完善研发人员绩效评价激励机制，将专利等知识产权的技术转移指标纳入高等学校内部考核评价体系。逐步解决高等学校科研人员在职称评定、岗位聘用、科技成果评审体系中，过度注重论文，课题等考核标准的问题，在考核标准中，增加专利、技术转让、成果产业化等职称评定要素的比重，设立推广型技术职称系列。二是鼓励高等学校制定专利等知识产权的技术转移的政策，尤其是加大知识产权转移的利益激励，加大对发明人的利益激励。三是鼓励高等学校开展分红激励和股权奖励的政策。着力实施奖励机制，推进高等学校的科技企业向其他资本转让资产或股权，鼓励高等学校开展股权激励和对有突出贡献的经营管理人员、技术人员实施分红激励。四是引导高等学校面向企业实际需求，整合科技资源，积极与相关企业联合建立研发组织机构，共同承担技术攻关和科技专项，促进专利等知识产权的技术产出以外部市场需求为导向。

坚持推进产学研合作。促进经济转型发展为目标，发挥高等学校知识产权的创造优势，进一步完善以相关企业为主体、高等学校和科研院所为支撑、技术联合体为平台、产学研项目为纽带，优势互补、风险共担、利益共享、共同发展的创新战略联盟和企业与高等学校、科研院所的双向互动机制。

加强对产学研合作项目的顶层设计，努力消除体制、区域和行业的阻隔，凝练和实施一批能够引领和支撑科技发展、具有巨大影响力的重大科技攻关项目，突破和掌握一批具有自主知识产权的核心技术和知识产权，实现高等学校的专利等知识产权技术创新从上游向下游企业延伸，向生产实践发展，从源头上解决关键专利等知识产权的技术成果转移瓶颈，为高等学校高新技术产业发展提供技术支撑。

6.5.3 协同创新中的高等学校知识产权有效协作机制

近几年来，我国的科技部和教育部均出台了多项指导意见和专项的政策，以增强高等学校创新能力和国家产业创新能力，在传统的产学研合作的基础上，指出高等学校可以建立协同创新模式下的产业技术创新联盟。

于是，产业技术创新联盟这种模式在这个时代以它的创新力和多方协同能力，迅速被全国各个高等学校引进实施。并且，发展的态势良好。产业技术创新联盟内部主要组成部分，是以工程技术人才构建而成的创新主体，在产业视角发展我国新型产业，促进传统产业的创新，与各大研究组织机构，包括高等学校、研究院所、相关企业等实力组织机构，研究能够推动我国行业向前跃的核心技术，并在后续促进相关技术成果的转移，助力企业实现在市场中的价值。

产业技术创新联盟核心组织是创新人才，主要目的是推动产业技术创新。在创新研发方面，产业技术创新联盟从系统的角度出发，打破单一创新的壁垒，考虑产业发展、未来需求、市场需要、科研前沿等多方面的因素进行技术创新，能够产生具有更高价值的创新成果。从产业技术创新联盟视角观察，创新研发的人才不会来自单一的组织机构，产业技术创新联盟会是多个机构内部的优秀人才构成的组织，包括各个高等学校、优势企业等。所以，他们能够在协同创新的过程中考虑更多种因素，能够看到不同方向的前沿信息，才能够更好地进行综合性的技术创新。

该类协同创新内部各组成机构的核心目的统一，但是每个组织机构都有自己的内在需求，多个合作主体之间的关系是辩证的，多者之间相互推动和牵制。所以，本书的研究重点：高等学校内的知识产权方面，各类相关的法律法规与制度文件都明确设置多例条款，在组成协同创新组织之前，制定好各方均要遵循的规则，达成一致意见，可以推动组织向好发展，形成良性循环。尤其以高等学校为主体，高效利用高等学校的资源，推动行业创新发展组成的联盟，更要加强人员在知识产权方面的相关管理能力，构建各组织之间的协作机制，促进该联盟更加协调高效的发展。

1. 合理高效利用高等学校知识产权的合作互动机制

众所周知，知识产权是一种无形资产，知识产权的拥有者可以随意利用自己的知识成果，但是他人却不允许在未授权的情况下，获得其知识成果加以利用。在各类组织机构相互协同合作时，知识产权的独占性，不允许未被授权人对其知识产权和技术成果进行优化和转化，这对组织机构间的合作进步存在一定的阻碍作用。

近几年来，创新研发的科研成果中的五分之四，是单一组织机构或个人的拥有物，其中相关企业单独创新获得的科研成果占据达到一半左右。同时，在科研成果的技术转移方面，相关企业的转化率远远高于其他组织机构，高等学校的转化率则低于三分之一。

此时，迸发的协同创新由于其组成部分的丰富性，以及知识产权与研发成果的前沿性，都在很大程度上促进了技术转移。但是，在这种模式下诞生的诸多科学研究成果中，多数成果不是单一组织机构的拥有物，一般情况下，是属于多个组织机构的产物，这在法律和知识产权视角来看，是一种复杂的情形。因此，若在知识产权方面，各组织机构无法合理高效地协作和利用，将会对各组织机构都造成不良的影响。于是，高等学校在创建联盟初期，就要做好准备，在知识产权与科研成果的技术转移方面，制定好相应的高效利用的互动机制，厘清与联盟内其他各组织机构之间在知识产权方面的联系，促进该机制良性循环发展。

第一，高等学校必须在组建产业技术创新联盟时，明确自身在其中的角色和地位，高等学校内部进行基础研究的科研人才较多。所以，高等学校在基础理论研究方面具有一定的优势，而相关企业受自身的营利性质影响，其对外部市场需求和技术成果转化实践效果的了解，令企业在技术研发阶段具有显著优势。所以，在产业技术创新联盟组成的协同创新组织机构中，在各方发挥自身优势的基础上，相关企业应在前期理论研究中提供自己的想法，而高等学校应在后期技术研发时期发表自己的意见，保证在整个创新过程中都能够是协同的，是在各界优秀人士的综合作用下产生的创新成果。

在知识产权方面，高等学校不仅要关注自身过往专利等知识产权的技术转移和使用情况，保证各类组织机构都在法律规范内使用专利，还要关注后期各组织机构合作产生的知识产权与创新成果的产权关系，监督两类专利等知识产权的技术转移，运用自身理论知识为相关企业的实践过程提供战略性建议，在整个创新过程的不同阶段，处理好高等学校的主配角关系。

第二，根据以往的市场规律可知，产业技术创新联盟中的高等学校类组织机构和企业类组织机构具有辩证关系，相互合作的同时又存在竞争，企业类组织机构碍于自身效益的影响，其合作方式不够开放，但是高等学校类组织机构，从技术创新和国家发展视角认为其应全力同企业类组织机构合作创新。

在这种辩证关系下，能够更好地协同创新的方法也是辩证的，要根据合作研发成果的自身特点，实行差异化处理。同时，由于产业技术创新联盟内存在多个高等学校类组织机构和多个企业类组织机构，不同的企业在市场产业链中处于不同的环节，高等学校将与不同环节的相关企业分别合作，其分别合作产生的创新成果专利等知识产权，在不同环节相关企业中运用时会产生交叉利用的关系，为确保产业技术创新联盟的高效协调循环，高等学校必须确保各类交叉权属关系的有序实施。

第三，在运用产业技术创新联盟组织实施技术创新的形式在国外更加成熟，我们可以将其经验为指导，并分析自身联盟的特点，更优、更好地推动自身的产业技术创新联盟发展。通过分析比较成熟的美国专利联盟的运行机制，发现其内部组织机构均为企业，在市场产业链中处于不同环节的相关企业之间基于利益产生合作，不同企业之间具有共同利益，但是各企业之间的技术能力并不能够较好地互补，且企业之间均坚持知识产权私有，不易进行企业间的技术和资源共享。

根据前文可知，我国提出的协同创新联盟中，包含高等学校类组织机构，高等学校本身科研为主的特点，使高等学校能够提供以知识成果为基础的资源，高等学校与相关企业之间合作时，能够给相关企业提供更多的科研知识成果等资源，使联盟内组织机构之间知识资源的共享和高效利用成为可能。在此基础上，产业技术创新联盟内部相关人员，必须根据各组织机构自身情况，在各组织机构之间开发资源共享的平台，发现有效的资源共享方式，提出合理的共享机制，系统调控产业技术创新联盟内各组织的珍贵资源，发挥平台作用促进机构间的资源共享，增加各类资源的利用率，降低各组织机构的技术开发成本，提高创新效率。

2. 科学运用高等学校技术转移过程中的市场机制

根据上文可知，我国协同创新基础下的产业技术创新联盟，是以增强高等学校创新能力和国家产业创新为目的，通过高等学校组织各类组织机构，协同发展的一种研究和技术创新方式。高等学校运用自己的平台身份，与四面八方的组织机构进行合作创新，尤其是与相关企业的交流合作，在自身雄厚的理论研究基础之上，获取更多的企业资源和市场需求。

在此之后，高等学校应该通过剖析了解市场机制，从战略视角层面，促进各类组织机构的合作，汇聚各类组织机构所拥有的创新和研究的科研成果及技术资源，一起进行产业创新的研究，满足国家的相关需求，能够系统有效地监督并实施国家的重大项目。

第一，该联盟中的各组织机构之间，能够在技术和理论上产生互补，并在理论和技术研究上共同进步和发展。产业技术联盟是一个具有多样性、专业性的研究组织机构。所以，产业技术创新联盟在国家的重大项目研究竞争中，具有较大优势，很大程度上能够获得国家较多的研究资金资助。在产业技术创新联盟内主要进行理论研究的高等学校，也能够更加便利地获得更多国家的基础研究项目，并正向促进产业技术创新联盟在基础研究方面的先进性。

同时，根据以往研究和实践可知，理论研究水平对于组织机构的技术创新能力具有很大的影响力。产业技术创新联盟内的高等学校应把握机会，通过利用手中的资源，努力在理论研究上获得更多知识产权与科研成果，并充分利用高等学校外其他组织机构的人才资源，更快速地进行基础研究和技术创新，提高原有专利的价值，增强高等学校在市场、创新、行业以及著作权等方面的影响力。

第二，产业技术创新联盟中的高等学校和相关企业，并非在技术市场的单一影响下，结合基础理论和应用技术研究，直接把高等学校的基础研究与相关企业的市场需求相互对应组队。其实产业技术创新联盟是以需求为导向，根据对市场需求的分析，制定协同创新中市场产业链最为基础的始发点，根据这个出发点，向后发展研究的过程中，可以突破单一技术，还能系统地将各组织机构协同合作起来，产生更多的合作创新成果。对高等学校以往拥有的基础技术分析可知，高等学校缺乏市场的考验，专利也不够成熟，直接将高等学校进行成果转化的成功性非常之低。

即使高等学校内拥有的这些知识产权与科研成果，能够直接应用到产业上，也无法对该产业的成长和提升加砖添瓦。因此，高等学校必须在产业的具体市场情况下不断地磨炼和成长，与相关组织机构进行协同创新，创造出更多的综合性研究成果，且能够将大量的知识产权与科研成果汇聚成为专利等知识产权集群，才能在现如今的形势下，提高自身技术创新能力和产业创新的能力。

第三，高等学校在产业技术创新联盟中运作的时候，要能够明确自身在其中的定位，以及自身如何才能获取最大程度上的成长和好处。根据上文可知，产业技术创新联盟中的各研究成员无论来自哪个团队，相互之间都是平等合作的关系，但由于其服务主体不同，必然存在不同的研究视角，衡量其所能获得的利益也有不同的标准。

从高等学校的视角来说，高等学校内部研究人员并不能够通过专利等知识产权的转让这种商业手段获得好处，而是要获取联盟内各相关企业的创新技术、资金、技术转移等方面的资源，帮助自己获得更好的成长和进步，才是最明智的做法。

第四，在知识产权能够给组织机构或个人带来的利益方面，大多学者认为知识产权与科研成果不仅能直接带来使用价值，比如进行专利等知识产权转让，可以直接获得实在的资金。而且，知识产权与科研成果还具有一定的潜在价值，能够从长远的角度给知识产权的所有者带来更加持久的利益。

在产业技术创新联盟中的各组织机构，若只看到合作所得的知识产权带来的直接利益，并以此为目的，则此协同组织机构将很难获得真正有价值的成果，无法获得较多的知识产权，且很容易在目标利益不一致甚至利益分配不合理时分崩离析，无法完成最初组织机构成立的初衷。所以高等学校在产业技术创新联盟内，要注意弱化知识产权带来的直接利益与其各组织机构之间的合作，挖掘其存在的潜在价值，放大其未来所能持续带来的收益，推动该协同创新组织机构走向更加长远的道路。

3. 高等学校在技术转移过程中要基于利益平衡机制，加强产权经营

根据上文可知，我国以协同创新为基础创造的技术创新联盟，内部并非一直都是共同利益，同时也存在一些利益冲突。所以，产业技术创新联盟内的高等学校，要努力推进内部各组织机构之间成果分享的深度和广度，从系统管理的视角剖析知识产权的直接价值和潜在价值，从战略视角分析知识产权能带来的利益，以在产业技术创新联盟内部，营造出各组织机构之间存在均等利益的规范环境，对知识产权进行经营管理，才能够促进产业技术创新联盟在创新、产业、资产等方面向好发展。

从高等学校的视角来看，我们可以发现，高等学校在以往固有的科研和知识产权经营中不能够获取足够的必需资源，以至于并不能够高效地经营知识产权，也不能获得相应的收益。面对这种情况时，日本大学的做法是通过建立"产学合作推进总部"这类的组织机构联盟，提出应该在该类联盟内部构建好知识产权的宣传和运用机制。

这样一来，产业技术创新联盟内能够产生更优良的知识产权，这些产权再正向作用到联盟内的各组织机构的协调和运作中，在产业技术创新联盟内部形成一个良性的循环。在产业技术创新联盟内部才能够汇聚更多的创新资源，让各组织机构之间互帮互助，共同创造出更好的知识产权成果，并从经营管理的视角，对这些成果进行改进，将其放入市场获得更多利益，为产业技术创新联盟内部各组织机构带来高收益，以期再循环获得更多的知识产权，将联盟能够良好稳定地运转下去。

通过分析以往的校企协同合作案例可知，大多是以一对一对接的方式进行合作。因此，高等学校获得的知识产权成果也不具有丰富性，现在有产业技术创新联盟内的组织机构突破了这一传统界限，在联盟内部进行多角度合作，知识产权和科研成果的质量和数量两方面都有明显提升。

产业技术创新联盟内的高等学校将在此平台上，获得前所未有的市场，产业技术创新联盟可通过各种商业手法与企业合作，市场化自身的研究成果，更促使其将以往创新成果转移，也能够挖掘出这些科研成果的潜在价值，并与产业技术创新联盟内企业组织机构建立持续稳定的合作关系。

根据相关研究可知，高等学校产生的创新科研成果能够发挥其有效性的仅占三分之一，而获得一项专利等知识产权，从时间成本上来看都要耗费三到四年。所以，如果分析高等学校的整个创新流程，可以发现高等学校在很大程度上存在着入不敷出的情形，其进行技术创新将耗费大量资本，却很难将其转移出去获得商业利润。

因此，高等学校在产业技术创新联盟内部应把握住丰富的资源，挖掘以往研究的市场价值，并对其进行提升，以获得更多收益，支撑后续的基础研究，提高高等学校专利的运用能力。并大力承接国家项目，获取国家的资本支持，为国家赢得更大的利益，推动国内行业成长。

如何在产业技术创新联盟内部实现利益均衡呢？原本单一组织机构拥有的知识产权和科研成果，在与其他组织机构合作将其成功市场化获得利润之后，应根据多方的产权拥有程度和比例、后续市场化进程中的贡献程度进行合理分配。

关于产业技术创新联盟内部创新产生的新生知识产权，也要用系统的角度观察其从最初研发到最后获得利益的全过程，梳理好知识产权的归属，明确各方的资本投入，提出产业技术创新联盟内理论支持、实践、资金投入等均具有平等的利益分配权利，以达到利益平衡。

根据前面的论述可知，我国提出的以协同创新为基础的产业技术创新联盟，是一个技术创新的管理平台，可协调好产业技术创新联盟内各组织机构的合作和分享，推动各组织机构合作创新，并可将各个组织机构以往的知识产权和科研成果实现市场化，更高效地进行技术转移，为产业技术创新联盟的发展注入足够的资金支持，并能够给产业技术创新联盟内组织机构分配到应得的利益。

产业技术创新联盟内的高等学校，必然要抓住这一机遇，提高自身的技术创新能力和收益，产生更多更好的知识产权，更高效地实行技术转移，提高行业和企业的技术创新能力，为国家的创新发展注入新的能动力。

6.6　本章小结

本章首先对我国高等学校在技术转移过程中知识产权保护的法律法规、规则制度进行全面分析和归纳，并总结出我国目前的技术转移工作相关的规则制度存在的问题。

关于知识产权保护和技术转移工作的相关法律法规不断得到完善和提升。但是，在这个过程中，相关的运行与管理的机制也显得非常重要。我们对高等学校在技术转移过程中的知识产权的归属原则，以及在技术转移过程中的商业化运用，以及其间存在的问题和解决办法也做了分析与总结。

关于高等学校在技术转移过程中，知识产权保护机制的实证设计，我们重点从协同创新视角，介绍了我国的高等学校知识产权的技术创新联盟机制，以及技术创新联盟从合作互动、市场以及利益平衡三方面的有效协作机制。

最后，立足我国高等学校的技术转移过程，介绍该过程中的知识产权难题、产权归属原则、产权的商业化运用以及知识产权制度的影响力等问题及解决的制度安排。

第 7 章

我国高等学校技术转移过程中的知识产权问题和对策研究

在前面几章，关于我国高等学校在知识产权保护，以及高等学校技术转移的运营与管理现状、存在问题、影响因素、现有运行管理机制等方面的总结和分析中，我们明白知识产权的保护以及技术转移运营与管理工作，对于我国社会经济和科学技术发展具有重要的战略意义。如何有效地解决我国高等学校技术转移过程中的知识产权问题？我们可以从技术视角、机构视角、信息视角、保护视角对以上问题展开讨论和分析，并在分析总结基础上，给出相应的结论与对策。

7.1　高等学校技术转移过程中的知识产权问题

7.1.1　技术视角下高等学校技术转移的知识产权问题

从技术成果本身的视角，剖析我国在高等学校技术转移过程中的知识产权问题，可以发现存在两大问题。首先，是我国高等学校知识产权与科研成果的数量绝对值很高，而实际转化的科研成果以及技术成果的自身价值都偏低，而我们更需要的是高质量的技术成果；其次，是高等学校研发所得科技成果，目前在申请相关的知识产权时，审查标准和侧重点存在一定的问题。

1. 我国高等学校进行转移的技术质量不高

在我国的高等学校内，也存在一些能够激励校内工作人员进行科研创作的制度。但是，正是由于这些制度的不完善，导致现如今高等学校内的科研成果在数量上非常之多，而真正能够申请下来专利等知识产权的并不是很多，在这较少的能够申请专利等知识产权的成果中，还有大部分都是低质量的，并不存在很高的研发价值和技术转移价值。

由于现在大多数高等学校内关于教职工的职称申请，都是根据自身的科研成果，所以校内教师都会积极申请相关研究项目，在获取相关研究支持资金的同时，能够帮助自己的履历更加丰富，所以在高等学校教师承担的项目过程中，作为项目完成验收时的必要条件，校内教师便需要在一定时间内，产生出一定数量的科研成果，而并不是其全身心进行科研获得的学术结果，此种机制下产生的科研成果很难具有较高的价值。

2. 我国高等学校科研成果申请专利等知识产权的效率不高

无论是什么制度激励了高等学校科研人员进行很大数量上的专利等知识产权申请，他们提交上去的申请，必须能够得到及时的响应，然后将专利等知识产权申请合理地处理和分配。但是，现有审查制度存在着专业人员缺少和专利审查标准的不合理两大问题。根据相关统计可知，我国现有知识产权审查制度中的专业人员，在数量和知识程度上均存在较大的上升空间，如今由于高等学校科研人员能够进行很大数量上的专利等知识产权申请，而相应的处理申请的人员却有较大的缺口。同时，在现有相关知识产权审核的从业人员中，其整体的相关知识水平并不够高。在相关专利等知识产权申请审核工作人员的数量和质量同时缺位的情况下，我国高等学校科研成果申请专利等知识产权时的效率，很难达到使专利等知识产权申请相关人员满意的水平。

7.1.2 机构视角下高等学校技术转移的知识产权问题

1. 我国高等学校技术转移过程中的中介组织机构缺位

在高等学校技术转移的过程重点，是高等学校内部科研成果与市场的融合，其中技术转移可以分为三个不同的阶段：初期的科研过程，中期的与市场融合、后期的大力推广。

从国家层面来看，高等学校对我国创新能力的发展具有很大的影响力。我国的高等学校内部，具有很多的专业科学研究人才，虽然多数科研工作者是以理论研究为主。但是，也有部分学者是结合我国市场和行业进行技术创新的应用研究，虽然高等学校内的各种科研资源也较为丰富。但是，由于人们对高等学校在技术转移的过程中的定位不同，所以高等学校内的科学研究一直都无法摆脱理论研究的控制，在技术创新中无法达到能够真正进入市场的程度。

在现有以协同创新为基础的技术创新联盟组织中，高等学校的主要定位还是进行基础研究，将未能足够市场化的技术创新，转移到其他相关企业组织机构中，对其进行转化，大力将高等学校内部那些依托于国家提供资金的项目所获得的科研成果，与外部市场需求对接，真正地在社会生活中对国家和人民产生实质的积极影响。

虽然，现如今我们对于高等学校的功能理解得相对明晰和准确，但是，高等学校内部大量的知识和人才等资源，怎样才能够在很大程度上被运用呢？同时不同层次的高等学校的水平是不均等的，国家现如今并不能够直接带动其科技创新等活动，发挥不同高等学校在技术转移中的真正作用。

2. 高等学校的技术转移过程与知识产权保护机制分离

在 2005 年时，我国多所一线高等学校共同开展合作研究之后，发表了"高等学校科技成果转化的探索与实践"课题研究报告。报告中指出，我国的高等学校在科研成果的数量方面，年度产生众多的科研成果，能够进行技术转移的科研成果则仅占总成果数量的十分之一。而对比国外发展较好的其他国家高等学校的情况，能够转化的科研成果占比，竟然能够达到五分之四，两者之间的差距实在是令人咂舌。从对比情况能够清晰地看出，我国在高等学校技术转移工作中存在巨大的上升空间。

但是，高等学校内部的相关研究科研成果中的大部分科研成果是要被进行商业化之后才能够发挥其真正的价值，而现如今高等学校的技术转移过程与知识产权保护机制的分离，使得此过程不能够更加顺利地进行。

在我国高等学校内部，有专门的组织机构管理其内部技术创新成果的转移，大多数的高等学校是将技术转移过程中相关转让合同和管理等事件交于校内科研管理部门下的某个部门或科室。相关负责人员数量一般都是在 7 人以内，而这些人员在进行技术转移相关工作时，多各自一体，自身负责自己领域内的相关科研成果和知识产权，与相关企业联系协商技术转移的相关事项。

而高等学校内部的知识产权保护方面的事宜是由另外的运营管理人员独立进行处理的，一般是将其交付于知识管理相关的部门和组织机构处理。在高等学校内部的这类组织机构，主要负责的其实多为知识产权风险的预防工作，包括对相关人员的知识培训、对相关知识产权知识的宣传等，同时还负责高等学校内人员所拥有或涉及的知识产权权属的相关信息的收集和管理，以能够在遇到相关矛盾和利益冲突事件时，能够更加快速有效地解决。

由此可知，现如今高等学校的技术转移过程，与知识产权保护机制相互分离，并没有相应的交集，同时两方面的工作人员并不会拥有较多的对方相关事宜的知识储备。高等学校内部创新成果的技术转移过程中，相关的组织机构内部人员，主要是具备科研成果相关的专业知识，在知识产权保护和外部市场需求等方面的知识欠缺，会在该进程中忽略较多的高等学校的知识产权权益。同时，高等学校内部进行知识产权保护工作的相关人员，对其转移情况并不能够及时明确其转移进程，很难对其校内所有的知识产权进行全面的监管和保护。

3. 高等学校的技术转移过程中，科研成果质量评估制度建设不够合理

（1）高等学校的技术转移的科技成果评估制度

在对高等学校内的科研成果进行技术转移的过程中，肯定要对科技成果的相关价值进行评估，才能够使得该进程能够合理地向前推进。在对科研成果进行评估的过程中，主要都是针对什么因素进行评价呢？一般要从两方面来分析，一方面是该科研成果的安全程度、科研成果具有的商业经济价值以及其进行市场化成果的概率等正面效果的评估。另一方面，便是科研成果在转移和使用时候可能会产生的负面效果。从整个社会层面来看的话，在对科研成果进行评估时，首先要考虑其所能带来的直接影响，包括商业化作用、环境影响等，还要考虑科研成果所能带来的间接影响，包括社会中的政策法规、文化习俗等。在对这些要素进行评估的进程中，要了解国家在此方面的规则制度，以往研究发现的有效的方法，以及对整个过程进行控制和维护的管理系统。

在对这些必需的知识和设备等资源进行建设的过程中，我们对国外的相关典型案例进行分析与借鉴，但是不同国家之间在很多评估因素中都存在着一定的差异，这在其评估过程中增加了难度。但是，在我国高等学校技术转移的市场环境下可以发现，多数进行市场技术转移的，都

是高等学校和相关的有需求的小企业，对技术转移的相关科研成果的评估主要是对其商业化运用的价值进行评价。所以，在此类技术转移项目的磨砺之下，我国在此类价值评估上的水平也在逐渐地提高，与其他各国的差距也逐渐减小。

因此，我国高等学校普遍的技术转移项目中，科研成果的评价都是在相对成熟技术条件下进行的，相关组织机构要明确该科研成果在外部市场需求方面是否能够满足，是否具有领先于现有产品的功能等。此评价过程能够为技术转移的整个过程起到重要作用，包括后期将该科研成果的分类、测试、生产、推广等。目前，许多领域都根据自身的需要，投身于技术转移成果的价值评估之中，包括纵向层面和横向板块。

纵向层面可以划分为：以商业化运用为评估标准的企业、以社会人民切身利益为评估标准的国家、以全球发展为评估标准的国际层面。从横向板块划分：产业层面的创新能力提升等方面的较为成熟的分析与评估，区域层面的、地区内部经营管理等方面的分析与评估，面临国家相关规则制度、产权权属等新型问题和政策的风险和技术评估，等等。

（2）高等学校技术评估未起到其应有的衡量作用

根据上文可知，高等学校在技术转移的过程中，对其科研成果的评估是很重要的一环，能够确定该成果能够给合作双方带来的各种价值，能够推动该项目的合理有效地进行。但是，我们发现目前并未产生其应该发挥的价值和作用。

根据调查数据可以发现，我国 2010 年发明专利申请数量，占全部申请总数量的 26.4%；实用新型专利 407 238 件，占申请总数量的 36.7%；外观设计专利 409 124 件，占申请总数量的 36.9%。但是，在 2010 年被受理并授权的专利中，发明专利仅占据全部申请总数量 10.8%；实用新型专利 342 258 件，占全部申请总数量的 46.2%；外观设计专利 318 601 件，占全部申请总数量的 43%。然而，此时国外 2010

年发明专利申请量占总数量的 86.9%，实用新型专利 2 598 件，占申请
总数量的 2.3%；外观设计专利 12 149 件，占申请总数量的 10.8%。在
2010 年被受理并授权的专利中，发明专利占据全部申请总数量的
74.6%；实用新型专利 2 214 件，占全部申请总数量的 3%；外观设计
专利 16 642 件，占全部申请总数量的 22.4%。

在高等学校内部统计发现其也存在类似的现象。首先介绍 2010 年
专利申请数量占据前十的高等学校的情况。浙江大学，专利申请数量
2 193 件，占高等学校申请总数量的 4.57%；清华大学，专利申请数量
1 509 件，占高等学校申请总数量的 3.14%；上海交通大学，专利申请
数量 1 113 件，占高等学校申请总数量的 2.32%；哈尔滨工业大学，专
利申请数量 1 095 件，占高等学校申请总数量的 2.28%；北京航空航天
大学，专利申请数量 1 030 件，占高等学校申请总数量的 2.15%；东南
大学，专利申请数量 1 020 件，占高等学校申请总量的 2.13%；华南理
工大学，专利申请数量 805 件，占高等学校申请总数量的 1.68%；江南
大学，专利申请数量 758 件，占高等学校申请总数量的 1.58%；天津大
学，专利申请数量 754 件，占高等学校申请总数量的 1.57%；复旦大
学，专利申请数量 657 件，占高等学校申请总数量的 1.37%。

2010 年专利授权数量占据前十的高等学校的情况如下。浙江大学，
专利授权数量 1 030 件，占高等学校专利授权总量的 5.42%；清华大
学，专利授权数量 832 件，占高等学校专利授权总量的 4.38%；上海交
通大学，专利授权数量 746 件，占高等学校专利授权总量的 3.93%；哈
尔滨工业大学，专利授权数量 636 件，占高等学校专利授权总量的
3.35%；北京航空航天大学，专利授权数量 592 件，占高等学校专利授
权总量的 3.12%；东南大学，专利授权数量 397 件，占高等学校专利授
权总量的 2.09%；天津大学，专利授权数量 333 件，占高等学校专利授
权总量的 1.75%；华中科技大学，专利授权数量 314 件，占高等学校专

利授权总量的 1.65%；西安交通大学，专利授权数量 310 件，占高等学校专利授权总量的 1.63%；华南理工大学，专利授权数量 306 件，占高等学校专利授权总量的 1.61%。

根据这些数据可以发现，排名前十的高等学校中，大部分高等学校在专利申请和授权的数量上相差较多，排位也具有一定的变动。总而言之，我国高等学校内的专利授权数量较低，其中发明专利占比也很低，说明我国高等学校的科研成果的质量水平一般。我国高等学校的授权专利在申请专利数量上的占比也过低，说明我国科研成果的价值评估工作不够成功，不能够较为准确地对科研成果进行分析与评估，使高等学校申请的专利大部分无法获得专利的授权。

7.1.3　信息视角下高等学校技术转移的知识产权问题

由于高等学校相对独立的属性，高等学校内部的科研成果的相关的信息闭塞，知识产权服务机构不健全，也无法很好地保证相关信息的流通，从而影响高等学校内的技术转移进程。有学者指出，高等学校内的归属于不同组织机构的研究人员，相互之间关于自身的科研和项目是保密的。高等学校内的研究人员在进行自我项目的研究进程中，都对自己的研究进度和研究结果保密，以这种方式维护自己的研究成果的有效性和自身的利益。

所以，高等学校内部研究人员之间的信息流通都比较闭塞，而有相关技术需求的企业更是很难得到研究人员的研究进程，以及是否有其所需的成果，从而大大地影响了高等学校内部的技术转移进程。在我国构建相关信息公开机构，以及对于相关技术的公示都见效甚微。

在这种现实情况下，出现了有关技术转移的服务组织机构，这些中介组织机构的产生，能够在一定程度上疏通信息的流通通道，能够在某种范围内增加科技成果的曝光，促进高等学校内部的技术转移进程。但是一个组织机构想要产生建立之初的作用，并不是只要它存在了就能够达到目的，而是要能够在一定的系统控制下平稳地运行，才可以起到它的促进作用。经过调查发现，我国技术转移中的服务组织机构本身就姗姗来迟，服务组织机构基础薄弱，发展速度慢，且不同的组织机构之间质量相差甚远。

很多组织机构内部都存在系统的管理制度，不能让员工发挥自己的优势，无法准确地获得市场的相关信息，并将其与高等学校拥有的科研成果相互联系。该类组织机构内部存在的一系列问题导致其并不能够专业快速有效地帮助技术转移双方获得自己所需，无法高效地完成其建立的目标。

7.1.4 保护视角下高等学校技术转移的知识产权问题

高等学校在为推动技术转移而努力的时候，却有很多真正有用的科研成果被隐藏了起来，无法被高等学校相关人员列为转移的主体，更不用说进行转移了，这在很大程度上都降低了高等学校的技术转移质量。而这些成果被隐藏的原因，便是其高等学校的所有者认为若是将其公开，自己的权利并不能得到有效的保护，反而会因此增加自己被侵权的可能性。

同时，在其权利被侵害之后，由于我国在这方面的规则制定不够合理，不法分子被揭穿之后并不会受到应有的惩罚，高等学校的专利等知识产权所有者也便不会在受害之后得到应有的补偿，所以，许多专利等知识产权所有者便把自身拥有的成果作为一种商业秘密加以保护。

通过对此类问题的剖析可以发现，很多学者的知识产权不能够被很好地保护，是因为专利等知识产权侵权赔偿数额较低，以及此类案件没有专门的审判机构。高等学校科研人员的权利不能被保护，机构不健全和专利侵权赔偿数额低，则使得侵权的不法分子不能被真正地得到应有的惩罚，受害者不能得到应有的补偿。这样的恶性循环，使得高等学校的各种知识产权与科研成果暴露在不法分子的魔爪之下，无法真正地保障知识产权与科研成果所有者的权益不被侵害。

1. 专利等知识产权侵权赔偿数额较低

根据我国颁布的法律可知，由于知识产权的价值评估存在困难，若是专利等知识产权所有者的权利受到侵害时，根据该案件的具体情况，审判机构可以在 1 万到 100 万之间认定赔偿金额。虽然案件相关的知识产权与科研成果的价值已经被定位到了 100 万以下，但是难道真的那些高质量的专利等知识产权仅仅值得这个价钱吗？同时，若是专利等知识产权的质量不够高，其能带来的商业价值不够高的话，自然不会有非法分子对其产生非分之想。而且，现如今世界范围内的技术创新水平在一个很高的层次，并且还会以一定的速度继续增长，在这样雄厚的知识资源基础之上，高等学校的学者们能够研究获得的科研成果将会越来越有价值，这个赔偿的最高额度并不能够合理地补偿受害者，反而可能会让非法分子有机可乘。

2. 缺乏独立的知识产权法院

根据相关资料可知，从 90 年代开始，我国便陆陆续续地在各地各个层级的法院内部增设知识产权相关的法院。同时各级法院内部相关的专业人才数量也在慢慢增长，能够根据以往审判案例，相对合理可靠地对案件进行判决的法官也有上千人。

在这些看似向好发展的情形当中，我国此类案件的审理机构还存在很多不足。第一，由于现如今经济社会的快速发展，相关案件数量非常多，同时增速很快，所以相对海量的案件来说，相关的法院处理人员数量实在是让人担忧。第二，即使是在知识产权案件的审理方面也存在着地域之间的"贫富差距",有些地方法院能够很好地处理,而另外一些地方法院却无法有效地为受害人争取到应得的赔偿。第三,此类案件有关专利等知识产权的专业知识,若是负责人员在其审理的案件类型里一窍不通,又如何奢望他能够依法合理地审核该案件呢?第四,该类案件在各级法院内的流程由于没有明晰和难以梳理,各级法院相关人员仅仅依靠自己的能力,顺利办成自己的案件存在一定的难度。这些问题均说明我国各地区均需要设立专门的组织机构处理此类案件。但是,现在只有个别发展领先的城市和地区,才能组建隶属于当地的知识产权法院,所以我国在国家层面,需要进行战略层面的整体安排。

7.2 高等学校技术转移过程中的知识产权对策

7.2.1 技术视角下高等学校技术转移的知识产权对策

1. 高等学校需要借鉴知识产权的激励功能,完善奖酬机制

知识产权是科研工作者的一个保护伞,由于知识产权包含商业价值,其也具有一定的激励作用。首先让高等学校的科研人员能够在自身拥有的成果中获得一定的收益,让他们发现自身所拥有的知识产权能够在很多地方为其获得报酬,就能够对高等学校的科研人员创作和研究起到实质的激励作用。同时要想让知识产权的激励作用能够一直持续地进行良性循环,就必须对知识产权进行保护,确保不会被不法分子非法利用牟取暴利,伤害知识产权所有者的利益,抑制高等学校知识劳动者的积极性。

高等学校内部技术转移的核心要点,其实是那些做科学研究的知识

分子，只有找到激励他们的办法，才能够收获更多高质量的科研成果，才有可能创造和完成更多的技术转移项目。

国家发布的许多法律、法规中，都有涉及关于专利等知识产权所带来的利益的分配方法，可是这些法律法规、政策和制度等并没有得到很好的实施，仅在我国个别一流的高等学校中才得到了切实的运用和执行，形成正向的良性循环。在很多没有实施的地方高等学校内部，许多科学研究工作者的知识产权的权利得不到全面的保护，其所能够给个人和组织带来的收益也大大减少。大多数高等学校的科学研究的工作者，获得了很多的知识产权与科研成果，但将这些成果转化成专利等知识产权的却占比很小。

还有许多科研工作者不仅有高等学校的正式工作，还在学校以外有一定的职务和其他工作在外工作过程中，会无意地泄漏自身的科研成果，由于其还未形成专利等知识产权，也不能进行很好地维权和追究，这些问题均会抑制高等学校内技术转移的良好发展。

要想在一定程度上降低这些问题和风险事件，高等学校可以根据校内的具体情况，制定较为合理的组织与个人之间的奖酬规则。双方了解相关的外部市场需求，共同确认知识产权与科研成果的价值，通过协商的方式，制定相应的合同条款，用法律来保护协商之后的知识产权利益分配规则。

同时，要将高等学校内的技术转移过程，建设成为一个可以良性循环的管理系统，不断地对外界的发展变化进行认知与识别，以及时更改之前不合理和过时的规则制度，保证双方的切实利益。通过这样的激励机制，用法律法规等方式来约束双方人员，保证知识成果的劳动者权益不会受到侵害。

同时，按照其自身的能力给予相应的奖励，激励高等学校知识产权与科研成果的缔造者，更加积极地投入到科技创新的工作中，以获得更高质量的科研成果，再与优秀的企业合作进行技术转移，将有价值的科研成果转化为有商业盈利价值的产品，真正地将其作用到社会和人民的身上，不仅可以提升高等学校和国家行业的创新能力，还能够造福人民的日常生活。

2. 增强专利等知识产权审查人才队伍的建设

（1）增加专利等知识产权审查人员数量

要通过增加专利等知识产权审查人员的数量，提高知识产权审查的效率和质量。由于这些岗位大多属于国家的事业编制，所以必须通过国家的扩大招聘才能够增加该类员工的数量。国家进行招聘时应该系统化地安排和招收急需的人才，并且遵循优选的招聘规则。首先，根据专利等知识产权的不同分类可知其涉及的专业之间具有天壤之别，我们不能要求一个文科性质的员工能够很好地审查工科性质的专利等知识产权，所以应该按照专利等知识产权申请的各个类目，确定招收不同专业的人员，并且根据以往不同类目的专利等知识产权申请数量的统计，来确定招收不同专业的人员的数量，达到精确满足各类专利等知识产权申请的需求。

通过招收不同专业的员工，根据专利等知识产权的类别，建构不同的知识产权审核人才结构，确保员工在专业人才的带领下，更加高效、准确地完成自身的工作。然后，还要对根据专利等知识产权分类招收到的不同专业的员工进行专业性培训，聘请该专业的资深学者，对知识产权审查新进人员培训专业相关知识，邀请该类别的工作优秀的老员工对新人培训相关的审查工作等知识，确保招聘来的人员能够更快上手，且能够为满足该行业的需求打下坚实的基础。

因此建议相关政府制定知识产权审查新员工的培训计划，对招录的人才进行分类培训，不断增强专利等知识产权审查员工的相关知识、工作能力和法律素养。

（2）提高专利等知识产权审查人员的质量

如果想要提高专利等知识产权审查人员的质量，不仅需要对他们进行培训专业和工作的相关知识，还要积极与专利等知识产权研发、申请、转移等相关的组织之间进行密切的联系，实行上门服务，提高专利等知识产权申请和审查的效率，推动高等学校内的技术转移进程。

如想要求相关审查工作人员，能够更加快速、高效地与其他组织机构内部的人员之间进行有效的交流，国家相关部门应该创建一个交流平台，为他们构建一个管理系统，创建面向不同对象具有不同功能的子系统。主要应该为审查人员与专利等知识产权申请组织机构之间构建一个子系统，专利等知识产权的审查人员，可以有效地了解专利等知识产权申请组织机构的申请意愿，根据现有专利库的信息，将相关资源与专利等知识产权申请组织机构之间进行共享，帮助高等学校的专利申请人更加快速地了解其需要的专利等知识产权信息，避免在无意间申请专利等知识产权时造成对他人知识产权的侵害，并且及时更新自身知识产权申请的想法。

专利等知识产权审查员工，还可以在平台上公布知识产权相关的法律条文的更新，以及关于专利等知识产权申请等方面的一些指导，能够让专利等知识产权申请者有一个明确的认知，也能够让申请者提交的申请文件更加规范，提高专利等知识产权审查的效率。

进一步，还可以为专利等知识产权审查员工与相关代理组织机构之间构建一个子系统，因为这些代理组织机构能够有偿帮助专利等知识产权申请者书写专利申请书，该申请书能够对专利等知识产权的申请和权限造成很大的影响，因此专利等知识产权审查员工可以与其分享申请书的书写规范和要点，确保其提交的知识产权申请书，在格式和要点上不存在错误或缺少的情况，可以减少知识产权审查人员的申请书的修改次数，使员工能够在更短的时间内完成审查。

7.2.2 机构视角下高等学校技术转移的知识产权对策

1. 明确高等学校在技术转移中的功能

国家相关组织机构应该明确高等学校在技术转移中的功能,并且最大限度地对高等学校功能加以利用,推动高等学校内部所拥有知识产权的技术转移。具体可以通过增加对高等学校科研项目的支持,构架更加有效的技术转移中心,联系各个高等学校,构建一个学校之间资源的分享平台,制定合理的校内科研学者的评价体系,以匹配相应的资源和奖励,在高等学校知识产权产生之前的知识创造时期,保证产生足够且高质量的科研成果,以提升高等学校内的科研成果,能够给社会公众的生活工作带来正面的影响,将国家投入到高等学校进行科学研究的资金支出,能够更大限度地转化为社会的财富和资源。

2. 构建高等学校内技术转移和知识产权保护的一体化运作机制

高等学校应该构建技术转移和知识产权保护的一体化运作机制,且为保证一体化运作机制的正常良性运作,最好建立专门的组织机构。高等学校可以根据自身情况进行改革和调整,可以在两者之中已有的组织机构下,增添一个缺少的组织机构,或者在组织机构的主要工作内容和人员上,进行调整和完善。在构建此类组织机构之后,要明确该组织机构的定位,保证该组织机构的正常运行。该组织机构要负责高等学校内部的知识产权、技术转移等一系列工作,技术转移本身就包含很多复杂的工作,比如市场调研分析、科研成果商业功能的评价等。

该组织机构的这些定位,说明其内部所需的人员必须具备综合性才能,获取此类人才的过程也是充满困难的。因此,高等学校最好自身利用好学校内部的学生资源,可以在一定限度下培养该类人才,满足此类人才市场的需求,更好地完成一个高等学校应该完成的使命。该组织机构的建立，能够更加系统地进行高等学校的技术转移工作，能够在此技术转移过程中，更好地实行知识产权保护，对校内所有的知识产权，进行更加系统、有序的运营管理和技术转移工作。

3. 科技成果的知识产权质量评估制度建设

由于不同主体对科技成果的使用方法不一致，所以关于专利等知识产权的质量也存在着不同的评估方法。为了达到科学衡量专利等知识产权质量的最终目的，本书根据高等学校的技术转移过程的三个阶段，对应的介绍不同阶段适合的质量评估方法。

高等学校专利等知识产权技术的验收阶段。这个阶段对高等学校专利等知识产权技术的评价原则，就是判断其在创新性和成熟程度等方面的质量水平。可以通过相关网站对专利等知识产权进行查询，比如国家知识产权局下面的专利等知识产权检索网站，获取其具体包含的技术信息，以及其本身创新性的相关信息。

通过信息查询，可以获得该专利等知识产权在研发过程中所参考的专利和非专利等知识产权文献，以及其现如今被其他专利等知识产权引用的次数。通过该专利等知识产权被引用的次数，可以推断其在此类专利等知识产权中的水平和影响力。还可以邀请该专利等知识产权所属专业的研究学者，让这些专家根据自身的知识储备判断该专利等知识产权的质量。

高等学校专利等知识产权技术转移阶段。在这个阶段就不能仅仅运用上述的方法，而是应以上述阶段的质量评价为参考，在此再将该专利放入市场的各个要素中进行评价，包括以往同类产品是否能够占据较多的市场，能否满足市场需求等。

具体可以判断该专利等知识产权在市场中是否容易失去创新时效的问题，因为要对该专利等知识产权进行技术转移，从转移开始，到将其商业化的过程需要耗费较多的时间，若是该专利等知识产权更新过快，在短时间内就有比其更高阶的专利等知识产权，而其还未给其所有者带来下一步的盈利，则其质量则不够高。

还可以根据高等学校专利等知识产权的保护范围来判定，顾名思义，其保护范围即表示其权利受到保护的程度，当然其保护范围越广，越能够给其所有者带来更高的利益。当然还能够根据该专利等知识产权所包含的技术是否具有一定的进入壁垒，是否能够帮助企业在市场中获得垄断地位，其技术门槛越高表明其具有更高的质量。

高等学校专利等知识产权技术投产阶段。在这个阶段能够确定评价标准的是已经接受了专利等知识产权的转移的组织机构。此时拥有专利等知识产权的企业将通过评价其所能给自己带来的利润来衡量其质量，可以根据该专利等知识产权的被实践程度来确定其成熟度，当一个专利等知识产权成熟度较高时，它便能够更轻易地被商业化以进入市场。还可以根据将该技术转化为能够在市场中经受考验的产品时的时间、人力和设备等成本，以及其在进入市场后所能够带来的直接和间接收益之间对比，对此进行预测后再判断该专利等知识产权的质量。

7.2.3 信息视角下高等学校技术转移的知识产权对策

1. 赋予技术转移中的服务组织机构法人资格

这些高等学校技术转移中介组织机构的作用，是加强技术转移相关组织机构之间的信息流通和信息分享。当这些组织机构具有真正的法人资格，能够获取在法律中获得自身的地位时，它们才能够更好地完成组织机构建设初期设定的目标。

但是，要拥有一定的法律地位，该组织机构必须能够确保拥有自己独立的资产，且它们本身不归属于其他组织机构。在处理任何知识产权和技术转移事务时，中介组织机构都可以自己做出决策，所以对于与他们相关的任何事件所带来的后果，独立法人的中介组织机构都能够承担。

同时，根据国家的相关法律法规等要求，也可以发现，国家鼓励相关中介组织机构，能够有自身的管理系统和运行机制，明确自身在高等学校技术转移过程中的作用和定位，发挥好自己的能力，负责好技术转移各组织机构之间的交流与合作。

2. 提升服务组织机构员工的平均素质

在该中介组织机构获得自身的独立性之后，他们也必须能够有一批优秀的员工才能够推动中介组织机构更好地发展，完成更多的技术转移项目，推动一个良性循环的产生。

那么，在该组织机构内该如何提升员工的平均素质呢？服务组织机构在招聘员工时应提出相应的专业要求，以确保组织机构能够具有基础的法律和专业等知识，也只有这些服务组织机构在具有相关知识基础的同时，在后续对组织机构在相关能力和技术方面的培训和提升之后，才能够保证它们能够掌握相关技能，以达到该组织机构内部员工应有的素质。

3. 支持相关服务组织机构的工作

在具有相应素质的员工之后，也要能够合理建设服务组织机构中人员的配置，应该在它们所服务的高等学校内部派遣一定的员工，以加强高等学校内部的科研人员的交流，深层次地挖掘相关知识产权的信息，更好地做到相关组织机构之间的信息流通。

还可以在对员工进行培训的时候，与相关高等学校协商，邀请相关专业学者授课，以使员工合理建立自身的知识结构，更好地将自身知识应用于工作之中。另一方面，由于该组织机构的工作性质原因，这些组织机构并不能够在建立的早期，便获得一定的收入以支持其日常的运营和管理，所以相关政府机构应该了解情况，并对此类情况进行评估，可以为它们合理地提供相应的补贴。

7.2.4 保护视角下高等学校技术转移的知识产权对策

根据前面的相关研究可知，很多高等学校从事科学研究的工作者们，他们的知识产权不能够被很好地保护，是因为专利等知识产权侵权赔偿数额较低，以及此类案件没有专门的审判机构。为了更好地对高等学校内部相关科研人员的知识产权进行保护，应该提高专利侵权损害赔偿数额，同时建立独立的知识产权法院，双管齐下，更好地保护所有者权益。

1. 提高高等学校专利等知识产权的侵权损害赔偿数额

要提高高等学校专利等知识产权侵权损害的赔偿额度，是因为之前法律规定的赔偿上限，随着社会经济的快速发展，在目前的发展水平来看，显得并不是特别地合理。伴随着现在社会的发展以及科学研究的飞速进步，其实高等学校内的科研人员在进行研发时投入的成本在不断增长。同时，高等学校科研人员研究成果的价值也在持续地增长。所以，若是保持同一个赔偿上限，即使高等学校受害者真的收到了相应的赔偿，却根本无法弥补其所受到的损失，反而可能会给不法分子带去一定的利益。

要是想确定知识产权侵权赔偿数额需要提高的额度，必然要明确相关案件赔偿的评估方法。现有较为普遍的评估方法是损失赔偿法。该方法的核心，是要对高等学校受害者的所有损失进行赔偿，但是受害者的所有损失都包括什么呢？如何准确地确定其全部损失呢？必须要有相关法律保护的认定法律法规与规则制度，我们可以从两方面进行评估：第一，受害人由于此次知识产权被侵权的违法行为失去的所有资金、利益以及在维护自身权益时所耗费的资金等；第二，被侵权的高等学校知识产权受害人可根据专业组织机构的评估，认定其在信誉等方面的无形伤害。

2. 建立独立的知识产权法院

根据之前对相关问题的剖析可知，我国各地均需要专门的组织机构处理此类案件。但是，现在只有个别发展领先的城市，才能组建隶属当地的知识产权法院，所以国家在此方面的倡导和推动行为是非常急需的。同时，我国应组建一个国家级的知识产权法院，以一个更高层次的平台，招聘更专业的人才，在宏观层面设定对各级的法院的相关标准，带动各级法院的案件审理效率，提高各级法院的审理质量。

能够作为高等学校科学研究人员坚强的后盾，保护他们的权利不受侵害，令他们能够更专心更放心地进行科学研究，提升高等学校技术转移的效率，构建良好的知识产权保护和技术转移的宏观环境，推动国家产权保护制度的完善和保护能力的提升，提高案件审理的效率，从各个环节达到对知识产权最大限度的保护。

国家知识产权法院的内部，必然具有专业和有经验的知识产权审判人员，在遇到相关案件时，能够更加准确和合理地进行案件处理，保护被侵权受害者的自身权益。因此，其所处理过的案例性案件，能够为地方法院起到指导和借鉴作用。还可以将其优秀员工下派到地方法院，对地方法院的审判人员进行指导和培训，监督法院在案件审理中的问题并对其进行纠正，以推动地方法院的成长。

在地方法院发展的过程中，由于相关案件涉及较多的技术因素，很多工作人员都不能够在相关技术知识中游刃有余，也会影响法院对案件的处理过程。所以，法院可以寻求与高等学校各种技术方面的研究学者合作，辅助法官做出公正的审判。

7.3   本章小结

本章从高等学校技术转移过程入手，介绍其中存在的知识产权问题和对策，分别从技术视角、机构视角、信息视角和保护视角四个方面阐述其存在的问题及应该实施的对策。

高等学校技术视角下存在知识产权激励机制和专利审查制度方面的问题，可以借鉴知识产权的激励功能完善奖酬机制、增加专利等知识产权审查人员数量、提高专利等知识产权审查人员质量来增强高等学校专利等知识产权的激励作用和审查效果。

高等学校机构视角下存在高等学校技术转移中介组织机构缺位、高等学校技术转移与知识产权保护机制分离、科技成果质量评估制度未能发挥其衡量作用等问题，需要明确高等学校在技术转移中的功能，构建高等学校内技术转移和知识产权保护的一体化运作机制，并从专利等知识产权技术的验收、转移、投产三个阶段建设科技成果的知识产权质量评估制度。

高等学校信息视角下存在技术转移主体脱节、知识产权服务组织机构不健全的问题，应该赋予技术转移中的服务组织机构的法人资格，提高服务机构员工的平均素质，支持相关服务组织机构的工作。

高等学校保护视角下存在专利侵权赔偿数额较低、缺乏独立的知识产权法院问题，必须完善高等学校专利等知识产权侵权赔偿制度，建立独立的知识产权法院。

参考文献

［1］曲三强．现代知识产权法［M］．北京：北京大学出版社，2009．

［2］国务院．国家知识产权战略纲要［EB/OL］．2018－06－11［2020－01－11］．http：//www．gov．cn/zhengce/content/2008－06/11/content_ 5559．htm．

［3］世界知识产权组织．世界知识产权报告［R］．日内瓦：世界知识产权组织，2019．

［4］柳鹏．全球创新指数2019：中国排名再创新高［N］．中国知识产权报，2019－07－25．

［5］国家知识产权局．知识产权统计简报［R］．北京：国家知识产权局战略规划司，2019．

［6］国家知识产权局．2018年中国知识产权发展状况评价报告［R］．北京：国家知识产权局知识产权发展研究中心，2019．

［7］国家知识产权局办公室，教育部办公厅．高等学校知识产权信息服务中心建设实施办法［EB/OL］．2017－12－25［2020－01－01］．http：//www．silo．gov．cn/gztz/1107796．htm．

［8］吴汉东．知识产权法［M］．北京：法律出版社，2004．

[9] 陈澄. 知识产权的概念和法律特征探究 [J]. 科技展望, 2016, 26 (35): 272.

[10] 谢灵芝. 论知识产权的基本特征 [J]. 法制与社会, 2007 (01): 287-288.

[11] 储旭超, 石海, 崇明本. 知识产权类型的发展及趋势 [J]. 现代商业, 2016 (32): 186-187.

[12] 中华人民共和国教育部. 高等学校知识产权保护管理规定 [EB/OL]. 1999-01-08 [2020-01-01]. http://www. moe. gov. cn/ s78/A02/zfs_ _ left/s5911/moe_ 621/tnull_ 2722. html.

[13] 段培思. 我国高等学校知识产权转化制度问题研究 [D]. 北京: 中国矿业大学, 2018.

[14] 陈兴华. 社会科学成果转化初探 [J]. 科技管理研究, 2005 (10): 21-22+25.

[15] 王者洁. 知识产权保护: 高等学校科技成果转化的核心要素 [J]. 理论与现代化, 2015 (02): 53-58.

[16] 罗林波, 王华, 邓云云等. 加强高校知识产权运营的思考与建议 [J]. 中国高校科技, 2019 (11): 29-32.

[17] 康建辉, 王凯. 高等学校科技成果转化中知识产权保护问题研究 [J]. 经济研究导刊, 2008 (11): 115-117.

[18] 王淑庆. 地方高等学校知识产权成果转化现状及对策 [J]. 中国经贸导刊 (中), 2018 (26): 112-113.

[19] 林素仙. 地方高等学校知识产权成果转化问题研究 [J]. 科教文汇 (上旬刊), 2015 (07): 3-4.

[20] 牛士华. 加快推进高等学校知识产权转化运用 [J]. 中国高等学校科技, 2018 (10): 61-64.

[21] 王莹. 浅议高等学校科技成果转化中的知识产权保护问题

[J]. 科教文汇（下旬刊），2017（10）：1-3.

[22] 潘梅森. 地方高等学校知识产权保护和转化工作的思考与对策 [J]. 统计与管理，2018（01）：79-81.

[23] 刘刚. 校企合作模式下的高等学校知识产权转化措施研究 [J]. 时代金融，2017（36）：248-249.

[24] 柳燕. 我国高等学校知识产权保护研究的回顾、反思与展望 [J]. 黑龙江高教研究，2017（4）：43-47.

[25] 赵承波. 论高等学校知识产权的保护及对策 [J]. 法制博览，2019（21）：179-180.

[26] 曹亚林. 我国高等学校知识产权保护的现状及对策研究 [D]. 江西：江西农业大学，2018.

[27] 吴郁秋. 我国高等学校科研成果的知识产权保护问题研究 [J]. 北方经贸，2011（12）：52-54.

[28] 张艳华. 我国高等学校知识产权保护的问题与对策 [J]. 知识经济，2010（01）：2-3

[29] 王瑾，宋巍，徐胜球. 关于加强高等学校知识产权保护的调查研究——以天津市高等学校为例 [J]. 中国轻工教育，2018（01）：38-43+52.

[30] 陈党生. 加强高等学校知识产权保护工作的对策研究 [J]. 科学咨询，2016（07）：11-12.

[31] 许海萍. 高等学校知识产权保护存在的问题及对策 [J]. 福建教育学院学报，2011，12（04）：56-59.

[32] 李红. 知识产权制度：知识经济时代的重要法则——知识经济时代的知识产权保护新趋势 [J]. 科技进步与对策，1999（02）：87-89.

[33] 郑成思. 知识经济时代的知识产权 [J]. 今日科技，2002

(12)：32-34.

[34] 郭洪波. 知识经济背景下知识产权法教学改革探析 [J]. 广东技术师范学院学报，2012，33（05）：107-110+141.

[35] 金多才. 论知识产权的概念和特征 [J]. 河南省政法管理干部学院学报，2004（06）：56-60.

[36] 杨和义. 论知识产权的法律特征 [J]. 知识产权，2004（01）：20-24.

[37] 卢纯昕. 知识产权客体的概念之争与理论澄清——兼论知识产权的"入典"模式 [J]. 政法学刊，2017，34（01）：5-12.

[38] 张玉敏. 知识产权的概念和法律特征 [J]. 现代法学，2001（05）：103-110.

[39] 孙彩红，宋世明. 国外知识产权管理体制的基本特征与经验借鉴 [J]. 河南科技，2017（18）：42-47.

[40] 丁素芳. 略论中国知识产权保护体系之构建——兼谈美国知识产权保护制度的建设 [J]. 福建广播电视大学学报，2013（03）：29-34.

[41] 郭莉. 科技创新与科技成果转化中的知识产权问题研究 [J]. 科学管理研究，2010，28（02）：117-120.

[42] 杨巍，彭洁，高续续，等. 牛津大学科技成果转化的做法与思考 [J]. 中国高校科技，2015（9）：60.

[43] 曲雁. 中美高等学校科技成果转化中的知识产权保护问题刍议 [J]. 北京交通大学学报（社会科学版），2010，9（02）：101-105.

[44] 武学超. 美国研究型大学技术转移政策研究 [D]. 重庆：西南大学，2009.

[45] 陈吉灿. 公立高等学校知识产权转化的实践困境与破解路径

[J]. 南海法学, 2019, 3 (03): 110 – 119.

[46] 曾晓红, 罗伟涛, 罗杰沛. 高等学校知识产权高效转化体系建设经验——以湖南工业大学为例 [J]. 教育现代化, 2019, 6 (28): 93 – 94.

[47] 罗兴武, 张蒙, 汤志国, 等. 地方高等学校知识产权管理模式及成果转化机制创新研究——以湖北民族学院为例 [J]. 科技创业月刊, 2018, 31 (09): 130 – 133.

[48] 王果. 我国高等学校知识产权转化的制度困境与出路 [J]. 科技与法律, 2018 (04): 79 – 86.

[49] 唐恒. 加快完善高等学校知识产权转移转化机制 [N]. 中国知识产权报, 2016 – 02 – 24 (001).

[50] 李玲, 李文琴, 华贤. 陕西高等学校知识产权转化影响因素及对策研究 [J]. 现代商贸工业, 2014, 26 (21): 36.

[51] 邓凯, 满艺姗, 杨洋. 高等学校知识产权成果转化中的评估体系研究 [J]. 教育教学论坛, 2012 (S4): 163 – 166.

[52] 王芳. 吉林省高等学校知识产权保护与转化的思考 [J]. 工业技术经济, 2008 (01): 16 – 18.

[53] 陈敏, 李静. 高等学校科研成果知识产权保护的国际经验及启示 [J]. 河北广播电视大学学报, 2019, 24 (02): 99 – 102.

[54] 孟祥东, 谭洪波, 石勇. 东北地区农林高等学校知识产权保护现状及对策分析 [J]. 高等农业教育, 2019 (02): 45 – 48.

[55] 詹雪金. 高等学校知识产权流失和保护 [J]. 中国科技信息, 2018 (05): 24 – 25 + 13.

[56] 张盈. 论高等学校标识的知识产权保护研究 [J]. 法制博览, 2017 (30): 53.

[57] 曾素梅. 高等学校知识产权保护现状及其改进措施 [J]. 长

春理工大学学报（社会科学版），2015，28（08）：44－48.

[58] 魏孝文. 高等学校知识产权的流失与保护分析 [J]. 人才资源开发，2016（04）：254－255.

[59] 王传超. 高等学校人员流动与知识产权保护的研究 [D]. 北京：北京化工大学，2015.

[60] 田东. 高等学校知识产权法律保护的策略与措施 [J]. 中国高等学校科技，2015（Z1）：94－95.

[61] 郭剑坤. 加强高等学校知识产权保护的几点思考 [J]. 价值工程，2013，32（20）：314－316.

[62] 李文江. 高等学校知识产权的流失与保护 [J]. 科技进步与对策，2013，30（09）：152－155.

[63] 张祥磊. 浅议高等学校知识产权保护的现状与对策 [J]. 科技信息，2011（27）：605＋594.

[64] 孙燚. 我国高等学校知识产权保护现状及对策研究 [J]. 北方经贸，2011（08）：69.

[65] 李杨. 高等学校知识产权保护与管理策略 [J]. 生产力研究，2010（09）：123－124.

[66] 韩瑾. 高等学校知识产权保护与管理问题及对策 [J]. 经济研究导刊，2009（29）：253－254.

[67] 冯霭群. 高等学校知识产权的保护现状及对策 [J]. 广东医学院学报，2007（04）：495－496.

[68] 张丹. 高等学校科技项目过程管理中的知识产权保护问题探讨 [J]. 科技管理研究，2010，30（24）：162－164.

[69] 余澜，艾阿琛. 高等学校知识产权管理存在的问题及对策研究 [J]. 法制与社会，2017（26）：174－176.

[70] 冯晓莉，李超. 国内外高等学校知识产权管理经验及其启示

[J]．经济研究导刊，2018（11）：165－167.

[71] 王琪．高等学校科技创新过程中的知识产权风险及其管理策略 [C] //中国科技成果管理研究会，国家科学技术奖励工作办公室，北京信息科技大学．2012年科技成果转化与评价学术交流会论文集，2012：22－26.

[72] 程德理．高等学校专利技术运营机制研究 [J]．知识产权，2014（7）：74－77，91.

[73] 孙宪民，任平，李冰洁．重视高等学校知识产权管理的运营 [J]．中华医学科研管理杂志，2005，18（4）：228－229.

[74] 姜学德，王欢．创新驱动视域下高等学校知识产权运营创新策略探究 [J]．中国集体经济，2019（26）：106－107.

[75] 王小绪．提高高等学校知识产权运营能力的探索与实践研究 [J]．中国发明与专利，2018，15（4）：57－62.

[76] 张彦坤，张辉，李煜华，等．高等学校知识产权运营驱动模式研究 [J]．科技进步与对策，2017，34（13）：114－118.

[77] 郭卜铭．高等学校知识产权运营驱动模式研究 [J]．知识经济，2019（21）：12－13.

[78] 黄亦鹏，刘鑫，朱艳，等．国内高等学校知识产权管理机构现状及前瞻研究 [J]．科技管理研究，2013，33（5）：96－99.

[79] 王莹，孔令蓁．国外高等学校知识产权运营模式对我国的借鉴研究 [J]．齐齐哈尔大学学报（哲学社会科学版），2017（9）：79－82.

[80] 季岚．国外科研与高等学校知识产权管理对我国的启示 [J]．中国高等学校科技，2015（8）：67－68.

[81] 孙舒眉．美国大学知识产权管理模式 [J]．中国发明与专利，2011（7）：100－103.

[82] 翟海涛. 高等学校知识产权管理机制初探 [J]. 中国基础科学, 2008, 10 (1): 56 - 59.

[83] 曹威. 高职院校知识产权运营创新路径探析 [J]. 长春师范大学学报 (人文社会科学版), 2018, 37 (3): 174 - 176.

[84] 侯曼, 武敏娟, 邢战雷. 基于协同视角的企业知识产权运营管理实证研究 [J]. 科技管理研究, 2018, 38 (14): 187 - 193.

[85] 孙燚, 刘丽丽, 郭刚. 浅析高等学校知识产权现状及科学走势 [J]. 时代经贸, 2011 (20): 28.

[86] 张礼超, 王军. 高等学校专利技术市场化运营的障碍与策略 [J]. 中国发明与专利, 2016 (11): 10 - 13.

[87] 朱伟伟. 基于客户价值导向的高等学校专利运营模式研究 [D]. 镇江: 江苏大学, 2013.

[88] 唐恒, 朱伟伟. 基于客户价值导向的高等学校专利运营研究 [J]. 技术经济与管理研究, 2012 (12): 31 - 34.

[89] 孙惠娟. 基于中外对比的专利运营模式研究 [D]. 江苏: 江苏大学, 2014.

[90] 杨爽. 当前背景下我国高等学校知识产权管理中存在的问题及对策研究 [J]. 法制博览, 2017 (35): 235.

[91] 王玉柱, 张友生, 王燕. 高等学校科技成果转化和知识产权管理实践探索——以清华大学为例 [J]. 北京教育 (高教版), 2018 (5): 80 - 82.

[92] 汤自军. 高等学校知识产权管理存在的问题及应对策略 [J]. 法制与社会, 2018 (6): 182 - 183.

[93] 葛健康. 高等学校知识产权管理现状和对策浅析 [J]. 法制博览, 2018 (35): 297.

[94] 付琛瑜. 河南省高等学校知识产权人才培养的现状、问题及

对策 [J]. 河南科技, 2017 (20): 20-24.

[95] 韩宁, 李玉玲. 浅析高等学校知识产权管理制度的完善 [J]. 知识产权, 2011 (3): 52-55.

[96] 樊婧婧. 英美高等学校知识产权转化制度比较研究及其对我国的启示 [D]. 徐州: 中国矿业大学, 2017.

[97] 袁晓东, 孟奇勋. 专利集中战略: 一种新的战略类型 [J]. 中国科技论坛, 2011 (3): 88-93.

[98] O'SHEA R P, ALLEN T J, CHEVALIER A, et al. Entrepreneurial Orientation, Technology Transfer and Spin off Performance of US Universities [J]. Research Policy, 2005, 34 (7): 994-1009.

[99] ALEUT K. Patenting and licensing of university – based genetic inventions—a view from experience at Stanford University's Office of Technology Licensing. [J]. Community Genetics, 2005, 8 (4): 217-22.

[100] DESYLLA S P, SAK O M, TETHE R B. Business model innovation and intellectual protection: profitable strategies for incumbents and new entrants [R]. Munich: European Patent Office, 2012.

[101] DARON A, UFUK A, Intellectual property rights policy, competition and innovation [J]. Journal of the European Economic Association, 2012 (1): 1-42.

[102] ACCSIK G, DEBASIS M. Does stronger protection of intellectual property stimulate innovation [J]. Economics Letters, 2012 (1): 80-82.

[103] ZHANG X M, LIU Q, WANG H Q. Ontological for intellectual property rights protection [J]. Expert Systems with Applications, 2012 (1): 1388-1400.

[104] ANTONIOK W L, SANDY L S, ERIK B. Research advance-

参考文献

ment on Intel. lectual property strategy： Imprecations for China under global-ization ［J］. Journal of Science and Technology Policy in China, 2012 (1)： 49 –67.

［105］WANG W M, CHEUNG C F. A semantic – based intellectual property management system (SIPMS) for supporting patent analysis ［J］. Engineering Applications of Artificial Intelligence, 2011 (9)： 1510 – 1520.

［106］EMMANUELLE F, ERIC VON H. Norms – based intellectual property system： the case of French chefs ［J］. Organization Science, 2008 (1)： 187 –201.

［107］RUIFA H, CARL P, JIKUM H, et al. Reforming intellectual property rights and the Bt cotton seed industry in China： who benefits from perform? ［J］. Research Policy, 2009 (5)： 793 –801.

［108］甘志霞, 张玮艺. 美国高等学校技术转移体制机制分析 ［J］. 中国高等学校科技, 2018, 10 (4)： 41 –43.

［109］徐帅, 张新生, 崔凯. 高等学校技术转移模式浅析 ［J］. 中国高等学校科技, 2015 (8)： 73 –74.

［110］张友生, 梅元红. 国外高等学校专利技术转移工作分析及对我国高等学校的启示 ［J］. 科技进步与对策, 2010, 27 (24)： 24 –27.

［111］陈琨, 杨国梁, 徐晓阳. 俄罗斯高等学校技术转移的实践与启示 ［J］. 科学管理研究, 2015, 33 (1)： 100 –103.

［112］段存广. 德国高等学校的技术转移模式及启示——以德国波鸿鲁尔大学为例 ［J］. 高科技与产业化, 2014 (10)： 28 –34.

［113］石瑞丽, 吴雁洁, 顾新. 创新创业背景下全国高等学校技术转移效率实证分析 ［J］. 决策咨询, 2018 (6)： 21 –25.

［114］邢飞飞. 基于高等学校技术转移体系的比较与分析 ［J］.

221

中国高等学校科技，2017（8）：77-78.

[115] 郭东妮. 中国高等学校技术转移制度体系研究 [J]. 科研管理，2013，34（6）：115-121，160.

[116] 美国技术授权办公室（OTL）. 技术移转机构的直通车 [J]. 中国科技信息，2006（10）：78-77.

[117] PHAN P H，SIEGEL D S. The effectiveness of university technology transfer [J]. Foundations and Trends in Entrepreneurship，2006，2（2）：77-144.

[118] ROGERS E M，TAKEGAMI S，YIN J. Lessons learned about technology transfer [J]. Technovation，2001，21：253-261.

[119] 刘康成. 国外高等学校的技术转移模式及对我国的启示 [J]. 科技成果纵横，2011（3）：28-29.

[120] 江山，张杰军，赵捷. 中英高校知识产权政策与技术转让比较研究 [J]. 科技管理研究，2011（12）：142.

[121] 王婷婷，胡伟伟. 美国高等学校技术转移模式分析 [J]. 江苏科技信息，2013（7）：8-9.

[122] 刘华翔. 日本高等学校技术转移模式浅析及对中国高等学校技术转移的启示 [J]. 大陆桥视野，2016（4）：195-195.

[123] 易明，付丽娜，杨丽莎. 高等学校技术转移的运行机制和基本模式研究 [J]. 当代经济，2017（04）：94-95.

[124] 黄光辉. 经验与启示：日本高等学校技术转移的驱动机制 [J]. 理论观察，2016（02）：130-132.

[125] 甘志霞，赵紫薇. 中美高等学校技术转移制度对比分析 [J]. 中国国情国力，2017（12）：67-68.

[126] 高涛，杨秀芹. 新形势下我国高等学校技术转移策略探究 [J]. 中小企业管理与科技（中旬刊），2017（10）：122-125.

［127］高江宁.高等学校技术转移机构建设路径与发展策略研究——基于德国技术转移机构比较视角［J］.中国科技产业，2018（10）：75-77.

［128］李玉清，田素妍，高江宁，邹静.德国技术转移工作经验及借鉴［J］.中国高等学校科技，2014（10）：56-58.

［129］朱建军，陈洪转，关叶青.高等学校技术转移中心建设与功能发挥研究［J］.科技进步与对策，2014，31（05）：21-24.

［130］王经亚，陈松.德国技术转移体系分析及借鉴［J］.经济研究导刊，2009，8（08）：203-205.

［131］张继东，张鉴炜，肖加余，等.高等学校技术转移与服务类科技评价机制研究［J］.科研管理，2015，36（S1）：335-339.

［132］郭东妮.中国高等学校技术转移制度体系研究［J］.教育科学文摘，2013（05）：27-28

［133］张娟，刘威.高等学校技术转移机构的演变过程及发展趋势［J］.科技进步与对策，2012，29（06）：147-150.

［134］宋东林，付丙海，唐恒.高等学校专利技术转移模式分析［J］.中国科技论坛，2011（03）：95-100.

［135］刘泽政，傅正华.地方高等学校技术转移影响因素分析［J］.科学管理研究，2010，28（03）：26-29.

［136］徐雨森，蒋杰.技术中介在技术转移系统中的影响机理实证研究［J］.研究与发展管理，2011，23（05）：41-48.

［137］李锋.高等学校科技成果转化及技术转移影响因素分析［J］.统计与管理，2017（12）：51-52.

［138］孙大龙.高等学校专利技术转移模式影响因素分析［J］.知识产权，2015（06）：84-86.

［139］吴凡，董正英.高等学校技术转移能力影响因素及实证分

析 [J]. 科技进步与对策, 2010, 27 (10): 137 - 140.

[140] 刘周成, 李曈. 基于凯利方格技术的高等学校技术转移影响因素分析 [J]. 科技管理研究, 2014, 34 (01): 112 - 115.

[141] 卢伟, 张海军. 地方高等学校科技成果转化绩效影响因素研究——以辽宁省 30 所高等学校为例 [J]. 中国高教研究, 2019 (11): 48 - 54.

[142] 林庆藩, 林伟明, 刘燕娜, 等. 农业企业与高等学校合作中技术转移绩效的影响因素研究——基于福建省 193 家农业企业的数据 [J]. 福建论坛 (人文社会科学版), 2013 (02): 149 - 154.

[143] 王进富, 郭绒. 校企技术转移影响因素的实证研究 [J]. 西安工程大学学报, 2010, 24 (05): 631 - 637.

[144] 靳瑞杰, 江旭. 高等学校科技成果转化 "路在何方"? ——基于过程性视角的转化渠道研究 [J/OL]. 科学学与科学技术管理, 2020 (3): 1 - 33.

[145] 金花. 高等学校科研成果转化的实现机制构建 [J]. 中国高等学校科技, 2019 (12): 87 - 89.

[146] 高擎, 何枫, 吕泉. 区域环境、科研投入要素与我国重点高等学校技术转移效率研究 [J]. 中国高教研究, 2020 (01): 78 - 82 + 108.

[147] 于淳馨, 陈红喜, 张丽丽, 等. 高等学校技术转移现状的评价分析——基于江苏 31 所高等学校数据的实证研究 [J]. 科技管理研究, 2017, 37 (18): 70 - 76.

[148] 肖国华, 王江琦, 魏剑. 我国专利技术转移评价指标设计及应用研究 [J]. 情报科学, 2013, 31 (03): 107 - 112.

[149] 廖述梅, 徐升华. 我国校企技术转移效率及影响因素分析 [J]. 科学学与科学技术管理, 2009, 30 (11): 52 - 56.

[150] ANDERSON T R, DAIM T U, LAVOIE F F. Measuring the efficiency of university technology transfer [J]. Technovation, 2007, 27 (5): 306 - 318.

[151] VINIG T, LIPS D. Measuring the performance of university technology transfer using meta data approach: the case of dutch universities [J]. The Journal of Technology Transfer, 2015, 40 (6): 1 - 16.

[152] 江建龙. 基于 DEA 和 Malmquist 指数的江苏省"双一流"高等学校科研效率研究 [J]. 继续教育研究, 2018 (12): 37 - 43.

[153] 吕荣杰, 贾芸菲, 张义明. 我国省份技术转移效率评价——基于高等学校、企业比较的视角 [J]. 科技管理研究, 2018, 38 (12): 86 - 91.

[154] 林德明, 贾艳. 基于 DEA 的"985 工程"高等学校技术转移效率研究 [J]. 现代教育管理, 2016 (12): 23 - 28.

[155] 沈映春, 周晓芳. 我国高等学校技术转移的激励机制探讨 [J]. 科技管理研究, 2009, 29 (11): 229 - 231.

[156] 史竹琴, 朱先奇, 许亚斌. 科技园区创新成果转化的路径研究——基于多主体合作视角 [J]. 经济问题, 2020 (01): 70 - 78.

[157] 周亚庆, 许为民. 我国科技成果转化的障碍与对策 [J]. 中国软科学, 2000 (10): 62 - 65.

[158] 余元春, 顾新, 陈一君. 产学研技术转移"黑箱"解构及效率评价 [J]. 科研管理, 2017, 38 (04): 28 - 37.

[159] 马大来, 叶红. 供给侧结构性改革视角下中国科技成果转化绩效研究——基于空间面板数据模型的实证分析 [J]. 重庆大学学报 (社会科学版), 2020, 26 (01): 45 - 60.

[160] 王根. 移动社交网络环境下高等学校图书馆知识产权危机管理 [J]. 数字图书馆论坛, 2018 (2): 60 - 66.

[161] 刘兹恒, 潘梅. 图书馆危机管理的基本概念及内容 [J]. 图书与情报, 2007 (2): 32 - 37, 41.

[162] 王根, 孙慧. 基于危机管理思想的图书馆知识产权风险控制研究 [J]. 图书馆, 2012 (06): 59 - 62.

[163] 汤罡辉, 韦景竹. 图书馆知识产权管理现状的实证调查与对策 [J]. 图书馆建设, 2010 (01): 79 - 83.

[164] 咸丰霞. 高等学校图书馆信息资源共享的知识产权危机管理机制分析 [J]. 福建电脑, 2017, 33 (6): 69 - 70.

[165] 刘兹恒. 图书馆危机管理基础工作策略 [J]. 图书馆论坛, 2008, 28 (06): 21 - 25 + 161.

[166] 徐晓琳. 从图书馆危机事件看图书馆危机管理 [J]. 图书情报工作, 2006 (11): 124 - 126.

[167] 刘擎. 图书馆与《信息网络传播权保护条例》[J]. 情报资料工作, 2007 (06): 73 - 75, 106.

[168] 傅蓉. 知识共享许可协议的兼容性研究 [J]. 图书情报工作, 2013, 57 (21): 52 - 58.

[169] 张高忠. 高等学校知识产权管理机制与策略 [J]. 人民论坛 (中旬刊), 2010.

[170] 李杉杉, 高莹莹, 鲍志彦. 高等学校图书馆面向协同创新的专利信息服务模式研究 [J]. 现代情报, 2018, 38 (02): 101 - 105.

[171] 戴泳. 基于协同创新的高等学校图书馆知识产权服务研究 [J]. 图书馆学刊, 2016, 38 (02): 87 - 89.

[172] 王根. 高等学校图书馆知识服务及其知识产权规避初探 [J]. 图书馆工作与研究, 2012 (02): 8 - 11.

[173] 常浩丽. 高等学校图书馆知识产权信息服务机制研究 [J]. 河南图书馆学刊, 2019, 39 (10): 58 - 59 + 67.

[174] 张颖. 高等学校图书馆知识产权保护的管理与服务机制研究 [J]. 情报探索, 2018 (06): 85 - 87.

[175] 杨玲莉, 蔡爱惠, 杨超华, 等. 协同创新模式下高等学校知识产权有效协作机制研究 [J]. 科技进步与对策, 2012, 29 (22): 134 - 136.

[176] 张英杰. "十一五" 科技成果发展问题与展望 [J]. 科技成果管理与研究, 2010 (12): 4 - 5.

[177] 罗维东. 科研创新要源于企业高于企业 [N]. 中国教育报, 2012 - 07 - 16 (005).

[178] 袁真富. 企业知识产权的发展模式——从保护到经营之知识产权观念的改造 [J]. 知识产权, 2006 (04): 34 - 38.

[179] 教育部科技发展中心. 中国高等学校知识产权报告 (2008) [M]. 北京: 高等教育出版社, 2009: 214.

[180] 教育部科技发展中心. 2008 中国高等学校产学研合作优秀案例集 [M]. 北京: 中央广播电视大学出版社, 2009.

[181] 赵秀红. 高等学校专利亟待 "走出课题" [N]. 中国教育报, 2011 - 04 - 30.

[182] 梁燕, 吴锡尧. 高等学校知识产权经营障碍问题研究 [J]. 华南师范大学学报 (社会科学版), 2006 (02): 131 - 133.

[183] 赵淑茹. 实施知识产权战略 建立知识产权保护与技术转移的良性循环机制 [J]. 中国高等学校科技与产业化, 2005 (10): 29 - 32.

[184] 余长林, 王瑞芳. 知识产权保护与国际技术转移的关系研究进展 [J]. 财经问题研究, 2009 (3): 50 - 55.

[185] 龚津平, 李成, 唐峰. 高等学校技术转移中的知识产权管理 [J]. 研究与发展管理, 2011, 23 (2): 126 - 129.

［186］刘群彦，邱韶晗．发达国家知识产权和技术转移管理机制及启示［J］．中国高等学校科技，2015（05）：46－49．

［187］李晓芳．高等学校技术转移的知识产权研究［D］．上海：上海大学，2005．

［188］孟庆帅．基于 Brusselator－Haken 模型的我国高等学校科技成果研发系统自组织演化研究［D］．哈尔滨：哈尔滨工程大学，2018．

［189］张海涛，马静，钱丹丹．知识转移视角的知识产权管理机制［J］．情报理论与实践，2010（12）：21－24，11．

［190］曹琴仙，付华．京津冀知识产权法治协同保护机制研究［J］．河北法学，2018，36（7）：87－99．

［191］吴汉东．论知识产权一体化的国家治理体系——关于立法模式、管理体制与司法体系的研究［J］．知识产权，2017（6）：3－12．

［192］纪雪．技术转移中的知识产权法律问题研究［D］．青岛：中国海洋大学，2015．

［193］官波，段万春，李耀平．我国科技中介服务机构政策支持和法律规范［J］．云南民族学院学报（哲学社会科学版），2003（04）：131－134．

［194］肖尤丹．我国大学技术转移中的知识产权政策困境［J］．电子知识产权，2009（10）：36－42．

［195］蔡琦．科研事业单位技术转移中知识产权保护对策研究［D］．哈尔滨：哈尔滨工程大学，2012．

［196］李顺德．知识产权保护与防止滥用［J］．知识产权，2012（09）：3－11，106．

［197］冯晓青．我国企业知识产权产业化转化平台和交易平台建设研究［J］．河北法学，2013，31（06）：20－28．

[198] 吴汉东. 知识产权法的制度创新本质与知识创新目标 [J]. 法学研究, 2014, 36 (03): 95 – 108.

[199] 程雪梅, 何培育. 欧洲统一专利法院的考察与借鉴——兼论我国知识产权法院构建的路径 [J]. 知识产权, 2014 (4): 89 – 94.

[200] 张广良. 知识产权法院制度设计的本土化思维 [J]. 法学家, 2014 (6): 55 – 65.

[201] 刘华, 周莹. 我国技术转移政策体系及其协同运行机制研究 [J]. 科研管理, 2012, 33 (3): 105 – 112.

[202] 章琰. 技术转移中的知识流和知识产权分析 [J]. 自然辩证法研究, 2007, 23 (6): 52 – 56.

[203] 余俊. 我国高等学校技术转移中的知识产权策略 [J]. 中南大学学报 (社会科学版), 2011, 17 (5): 127 – 133.

[204] 刘洪民. 大学技术转移服务机构的发展策略研究——基于国家技术转移促进行动的分析 [J]. 技术经济与管理研究, 2011 (1): 37 – 40.

[205] 高光珍, 张永伟. 高校知识产权管理现状与对策研究——以江苏高校为例 [J]. 中国教育技术装备, 2017 (22): 73 – 75.

[206] 梅元红, 孟宪飞. 高校技术转移模式探析——清华大学技术转移的调研与思考 [J]. 科技进步与对策, 2009, 26 (24): 1 – 5.

[207] 张杰. 高校知识产权保护与技术转移战略研究 [J]. 技术与创新管理, 2007, 28 (6): 50 – 53.

[208] 靳现凯, 穆婕, 傅正华. 地方高校技术转移中的主要问题及对策研究 [J]. 中国科技成果, 2010, 11 (9): 4 – 6.

[209] 郭庆. 日本高校技术转移模式及其对中国的启示 [D]. 长沙: 湘潭大学, 2013.

[210] 曲凯. 在哈尔滨地区高校专利技术转移分析与对策研究

［D］．哈尔滨：哈尔滨工业大学，2012.

［211］杨琼．我国高校技术转移制度研究［D］．武汉：华中科技大学，2007.

［212］张志国．科研院所知识产权运营策略研究［D］．北京：中国人民大学，2011.

［213］杨放．高校科技成果转化中的知识产权保护问题研究［D］．上海：华东师范大学，2008.

［214］夏旭，梁丽明，钟泳如，等．从专利分析管窥高校知识产权信息服务中心建设——以南方医科大学为例［J］．图书馆论坛，2020，40（2）：82－89.

［215］唐晓庆．技术转移中怎样保护知识产权［J］．社会主义论坛，2019（6）：58.

［216］刘丽娜，韩晶．甘肃省专利技术转移影响因素分析［J］．中国科技信息，2020（5）：17－19.

［217］赵丽莉．美国国家安全局先进技术转移规范评鉴［J］．东北师大学报（哲学社会科学版），2019（1）：115－122.

［218］徐杰，赵冲．高校知识产权与技术转移问题研究［J］．中国高校科技，2018（5）：38－39.

［219］朱威，陈会贤．以知识产权评议推动高校技术转移服务模式探讨——以浙江大学新一代人工智能为例［J］．求知导刊，2018（27）：84－85.

［220］王景，王淳佳．技术转移中的知识产权问题探讨［J］．价值工程，2017，36（2）：236－239.

［221］张寒．大学知识产权所有权归属模式演进及其对技术转移的影响［J］．山东科技大学学报（社会科学版），2017，19（6）：24－31.

[222] 文豪，陈中峰. 知识产权和国内技术转移对区域创新的影响——基于吸收国际技术转移的视角 [J]. 经济经纬，2017，34 (4)：31-36.

[223] 常旭华，刘永千，陈强. 基于组织层级的高校技术转移绩效影响因素研究 [J]. 科技管理研究，2018，38 (18)：67-73.

[224] 王桂平，宋旼珊，许祥平. 浅谈高校与企业技术转移中的知识产权保护研究 [J]. 中国商论，2017 (2)：183-185.

[225] 罗勇. 日本知识产权金融政策创新的经验——以知识产权证券化为例 [J]. 法制与经济，2018 (9)：26-27，30.

[226] 杨尚洪，李斌，王然，吕建荣. 美国国防领域知识产权管理与技术转移的做法与启示 [J]. 中国科技论坛，2017 (4)：186-192.

[227] 杨忠敏，杨小辉，王玉. 知识产权制度距离与外向对外直接投资——以"一带一路"沿线国家为例 [J]. 科研管理，2019，40 (5)：193-202.

[228] 胡罡，舒小燕，钟碧娟，等. 高校知识产权是"无形资源"？[J]. 研究与发展管理，2018，30 (6)：144-150.

[229] 陈璐萍，刘江宜，王肖戈. 国外高校技术转移主要模式及启示 [J]. 绿色科技，2019 (16)：277-279.

[230] 王桂平，宋旼珊，许祥平. 浅谈高校与企业技术转移中的知识产权保护研究 [J]. 中国商论，2017 (2)：183-185.

[231] 曹淑霞. 高校知识产权转化模式现状分析 [J]. 河南科技，2018 (33)：28-30.

[232] 李律成，程国平. 爱尔兰大学技术转移的经验及启示[J]. 中国科技论坛，2017，0 (3).

[233] 文豪，陈中峰. 知识产权、技术转移与发展中国家的自主创新——近期文献评述 [J]. 工业技术经济，2014 (1)：95-103.

[234] 王钰. 浅析我国高校技术成果转移转化法律问题 [J]. 职工法律天地, 2016 (24): 194-194.

[235] 许悦雷. 日本大学技术转移机构的组织结构与活动效率分析 [J]. 日本研究, 2015 (4): 50-58.

[236] 骆严, 朱雪忠, 焦洪涛. 论美国大学与联邦实验室技术转移政策的差异 [J]. 科学学研究, 2016, 34 (3): 373-379.

[237] 袁珊娜. 高校技术转移服务平台的探讨与构建 [J]. 文学教育 (下), 2016 (10): 133-133.

[238] 文豪, 陈中峰. 知识产权保护、行业异质性与技术创新 [J]. 工业技术经济, 2014 (6): 131-138.

[239] 贺飞, 姚卫浩. 美国高校技术转移活动及其对我国的启示 [J]. 中国高校科技, 2015 (7): 60-63.

[240] 宗晓华, 杨瑾瑜, 张博. 大学-企业技术转移的合约安排与收益分配 [J]. 科技与经济, 2014 (6): 6-11.

[241] 蔡跃洲. 知识产权制度影响技术创新的中介因素分析 [J]. 中国科技论坛, 2015 (8): 22-27.